Varia / Feltrinelli

DANIEL
BARENBOIM
PATRICE
CHÉREAU

DIALOGHI SU MUSICA E TEATRO

TRISTANO E ISOTTA

a cura di Gastón Fournier-Facio

Traduzione di Maria Teresa Crisci

Feltrinelli

Traduzione dal francese di
MARIA TERESA CRISCI / GRANDI & ASSOCIATI

Prima edizione in "Varia" dicembre 2008

ISBN 978-88-07-49076-7

Si ringrazia il Teatro alla Scala per il contributo alla realizzazione di questo volume.

La traduzione del libretto del *Tristano e Isotta* è di Franco Serpa.

Tristano, per cominciare

di Gastón Fournier-Facio

Nessun compositore è stato oggetto di tante pubblicazioni come l'autore del *Tristano e Isotta*: la monumentalità della bibliografia sulla vita e l'opera di Richard Wagner rappresenta un unicum nella storia della musica. Verrebbe quindi da chiedersi quale interesse possa avere, oggi, un ennesimo libro sull'opera chiave di quest'immenso musicista, pietra miliare su cui sono già stati scritti tanti di quei libri da riempire interi scaffali: saggi che hanno analizzato i più svariati aspetti della partitura e l'eccezionale portata dell'influsso che il *Tristano* ha avuto sugli sviluppi successivi dell'arte lirica. Finora, tuttavia, non era mai accaduto che un grande direttore d'orchestra e un grande regista affrontassero, in una riflessione condivisa, un discorso sulla concreta realizzazione teatrale di un'opera wagneriana.

Ed è proprio con il *Tristano* che è nata l'amicizia pluriennale fra Daniel Barenboim e Patrice Chéreau, il cui primo incontro, nel 1979, avvenne per discutere la possibilità di mettere in scena l'opera, due anni dopo, al Festival di Bayreuth. Il progetto venne rimandato più volte, ma finì per costituire un sotterraneo *fil rouge* nel rapporto tra i due artisti, che nel frattempo realizzarono insieme altre opere, come *Don Giovanni* al Festival di Salisburgo e *Wozzeck* a Berlino e a Parigi. Solo nel 2007, alla Scala di Milano, per l'apertura di stagione del 7 dicembre, Barenboim e Chéreau, su invito del Sovrintendente Stéphane Lissner, approdarono alla messa in scena del *Tristano*.

Il presente libro è nato in quell'occasione, sull'onda dell'entusiasmo per un allestimento d'indiscutibile e riconosciuta importanza, vincitore fra l'altro del Premio Abbiati come migliore spettacolo lirico dell'anno. Il testo è l'esito di una serie di incontri che ho avuto con Barenboim e Chéreau alla Scala nei giorni che seguirono il debutto, e di ulteriori conversazioni con Chéreau a Parigi e con Barenboim a Berlino e a Oslo, avvenute tra i primi mesi e l'estate del 2008.

Sulla falsa riga dei dialoghi platonici, tramite domande e proposte di spunti tematici, e in un clima di accesa dialettica, molto stimolante per tutti noi, ho provocato lunghi confronti verbali tra il musicista e l'uomo di teatro. E dal ciclone di idee, pensieri e ricordi sviluppatosi da tale processo, durato complessivamente qualche decina di ore e capace di produrre numerosi nastri registrati (il cui contenuto è stato trascritto con pazienza ammirevole da Silvia Farina e Florence Plouchart-Cohn), è risultata una vasta mole di materiale che ho voluto prima ordinare in base agli argomenti, e poi ho suddiviso in cinque ampie sezioni: il direttore e il regista, aspetti della regia, drammaturgia, la musica, i grandi temi.

Dialoghi su musica e teatro non intende proporsi come una presentazione sistematica delle concezioni che Barenboim e Chéreau hanno del libretto e della partitura dell'opera wagneriana, quanto piuttosto di considerazioni e commenti liberi e originali, che scorrono quasi come flussi della coscienza. Sono anche dialoghi che riflettono, in ogni singolo passaggio, un atteggiamento di assoluto rispetto e di rigore analitico riguardo al testo del compositore. Inoltre queste riflessioni inedite sui rispettivi approcci interpretativi ci consentono di avere accesso agli aspetti più tecnici, pratici e "artigianali" del lavoro di Barenboim e di Chéreau, portandoci a osservare da vicino e dall'interno l'affascinante "bottega" di due tra i massimi protagonisti del teatro musicale contemporaneo.

IL DIRETTORE E IL REGISTA

1.
Realizzare un'opera

Il mestiere del direttore e del regista. Fare il Tristano*: un progetto del 1979 realizzato nel 2007 alla Scala. Il* Tristano *e la vita. Ambiguità e mutevolezze armoniche. Risvolti psicologici di testo e musica.*

Barenboim

Non è sempre così evidente il ruolo del regista nel teatro d'opera. E la stessa cosa vale per il direttore d'orchestra. Che cosa fanno, *esattamente*? È una domanda giusta in quanto esprime curiosità. Chi va all'opera di solito non sa quale sia il vero ruolo del regista. Così come chi va ai concerti di solito non sa che cosa faccia esattamente il direttore d'orchestra.

Eppure, se in un concerto di Brahms un violinista stona, anche un non esperto di musica se ne rende conto. Ma quando un direttore d'orchestra mediocre dirige un'orchestra più o meno buona, l'ascoltatore non sa di chi siano le colpe o i meriti. A maggior ragione per il regista.

Chéreau

Per di più, durante lo spettacolo, io non appaio. Non si sa neppure dove sono. Il direttore d'orchestra invece lo si vede mentre dirige e, come minimo, siamo certi che si trovi sul podio. Dagli effetti del suo gesto sugli orchestrali possiamo dire che il suo lavoro è quello. Si vede che lui c'è.

Invece il regista non c'è. Per questo la stragrande maggioranza degli spettatori cade dalle nuvole. Si fa un'idea sbagliata del tuo e del mio lavoro perché quasi nessuno ne sa qualcosa e nessuno ci vede mentre proviamo.

Lo spettatore spesso non considera la regia quanto piuttosto le scene e i costumi, reputando questi la messa in scena! E ha ragione, perché in un'opera a volte ci sono solo quelli. Le scene, i costumi, le luci, nient'altro. In alcuni allestimenti, all'Opéra di Parigi, Rolf Liebermann ha scelto per primo lo scenografo e solo dopo il regista, per essere sicuro che sul palcoscenico ci fosse qualcosa di bello da vedere. Lo spettatore non sempre sa di cosa si occupa il regista, a parte la cura degli elementi visivi, delle immagini...

Barenboim

Questi sono i pericoli della nostra società superficiale, spesso attenta solo all'aspetto esteriore delle cose.

"Mi è piaciuta molto la messa in scena di... I costumi e le scene erano magnifici!" Credo che a volte le persone dimentichino, o ignorino, o non si rendano esattamente conto di tutto il lavoro del regista. Io ho la partitura. Posso avere diecimila idee, posso pensare tutto ciò che voglio, ma devo suonare un la e un fa; ci sono il clarinetto, gli strumenti a corde e tutto il resto. Il regista invece, in un certo senso, deve immaginarsi la sua partitura.

Chéreau

Sì, e nel mio caso, io la mia me la devo costruire.

Barenboim

Costruirsi la partitura. Sarebbe come se, invece di avere uno spartito, io avessi solo una lista delle note che si ripetono un certo numero di volte e dovessi metterle insieme. È esattamente questo. Quindi il regista deve crearsi la sua partitura.

E non bisogna neppure dimenticare che il regista mette in scena vicende umane. Perciò la qualità della regia è legata anche alla sua percezione e conoscenza delle emozioni. Abbiamo parlato tanto spesso del silenzio di Tristano: nel Primo atto lui tace, non risponde. È un segno di debolezza o di forza? La risposta presuppone, da parte del regista, conoscenze psicologiche, una visione di tutta la gamma delle emozioni dell'essere umano. A volte il pubblico lo dimentica o non ci pensa, anche se è fondamentale.

Chéreau

Regia non significa neanche decidere solo gli spostamenti a sinistra o a destra, o sul fondo o sul davanti del palcoscenico. A questo proposito, credo di avere un vantaggio rispetto ad altri registi: l'ascolto della musica mi suggerisce una via immediata, un'immagine per far agire un personaggio, per rendere evidente una contraddizione psicologica, per far emergere sentimenti nascosti o decidere invece un semplice spostamento nello spazio. Con ciò non riduco la musica a psicologia; la musica mi suggerisce subito varie possibilità di mettere in scena un'azione, di alludere a un pensiero, di incarnarlo e di trasformarlo in un preciso modo di occupare lo spazio. La mia immaginazione si scatena con la musica, o con il mio modo di ascoltare certa musica...

Barenboim

In merito al mio lavoro come direttore d'orchestra, credo che il segreto per realizzare una grande esperienza musicale con un'orchestra non consista soltanto nel farle fare quello che il direttore vuole. Questo capita a qualsiasi direttore professionista, con un'orchestra che abbia la capacità e la volontà di fare quello che le viene richiesto. Si riesce a fare musica ad alto livello soltanto quando il direttore e l'orchestra trovano un "polmone collettivo". In quel momento tutti i musicisti, insieme, respirano la musica allo stesso modo. Che cinque minuti dopo il concerto ognuno recuperi la diversità delle proprie idee è naturale. Non soltanto è naturale e democratico, è necessario. Però, durante il concerto, questo polmone collettivo dev'esserci.

E, nell'esecuzione di un'opera, questo polmone dev'essere molto più grande, perché deve includere anche la scena. La questione non è solo far muovere i cantanti come ha stabilito il regista, o farli cantare secondo il tempo musicale deciso dal direttore. Si tratta piuttosto di far sentire ai cantanti che possono riuscire a respirare insieme al testo. C'è quindi bisogno di una condivisione di idee fra il regista e il direttore, affinché si possa raggiungere un accordo sulla loro concezione del testo e del sottotesto.

Chéreau

Spesso, quando lavori con l'orchestra, resto a guardarti con attenzione mentre dirigi. In questo modo intuisco immediatamente dove forse ho sbagliato e dove possono esservi imprecisioni nella regia, in quali momenti non sono in esatto accordo con la musica. Per me è interessante cercare di capirlo prima che tu me lo dica... Non intendo copiare la musica, seguirla servilmente, nota per nota, ma piuttosto utilizzarla in maniera creativa, senza contraddirla.

Ho sentito dire che nelle ultime rappresentazioni delle opere di Wagner alla Scala c'è stata qualche tensione tra il direttore musicale e il regista. A noi, invece, che collaboriamo da più di quindici anni, non è mai capitato di litigare. Certo, abbiamo discusso molto, ma abbiamo soprattutto lavorato insieme.

Per uno spettacolo d'opera ci vuole un'intesa totale tra il direttore d'orchestra e il regista, oppure è meglio non farlo. Il palcoscenico e le prove non possono diventare un terreno di scontro né trasformarsi in un braccio di ferro tra due artisti. In passato, quando ho avuto l'opportunità di collaborare con Pierre Boulez e con te, ho sempre avanzato delle proposte. Se le proposte non erano condivise, le cambiavo, senza nessun bisogno né di litigare né di discutere troppo. Tu ne sai molto più di me di musica e io ne so forse un po' più di te di teatro. Il segreto dell'intesa è forse questo: imparare l'uno dall'altro. Tutto qui. Certo, abbiamo avuto lunghe discussioni,

discussioni sul senso del testo. Ci siamo incontrati spesso, abbiamo lavorato sodo sulla partitura. Senza scontri.

Barenboim

Il *Tristano* è l'opera grazie alla quale ci siamo conosciuti. È stato Wolfgang Wagner a presentarci con il progetto di fare il *Tristano* a Bayreuth. Mi pare fosse il '79...

Chéreau

Per metterlo in scena nell'81.

Barenboim

Wolfgang Wagner quasi non parla tedesco. Si limita al dialetto della Franconia, con il quale né tu né io abbiamo dimestichezza. Dopo alcuni minuti, abbiamo cominciato a parlare in francese e lui non riusciva a seguirci molto.

Poi, per tante ragioni, non abbiamo più realizzato il *Tristano*, né nell'81 né dopo; ma l'opera ha continuato a essere, forse se non il senso della nostra amicizia, di certo un *fil rouge* dei nostri rapporti artistici. Per questo sono molto felice di poter fare insieme il *Tristano* e di presentarlo qui alla Scala all'inaugurazione del 7 dicembre 2007.

Abbiamo parlato per anni della possibilità di realizzare il *Tristano* insieme e nel frattempo abbiamo collaborato alla messa in scena di *Wozzeck* e *Don Giovanni.* Qualcuno quindi potrebbe chiederci qual è il nostro metodo di lavoro. Risponderei che ci guardiamo negli occhi, semplicemente. Perché, alla fine, di questo si tratta.

Avevamo progettato un *Tristano* insieme nel 1981, quando ci eravamo incontrati per la prima volta, me ne ricordo bene, e già allora avevamo discusso alcuni aspetti: i simboli, la sua atmosfera da leggenda, il ritmo da imprimere alla narrazione. Poi non abbiamo più parlato di questo lavoro fino al giorno in cui abbiamo deciso di realizzarlo per la Scala.

La nostra mente non è più quella di allora. Il *Tristano* è

sempre lo stesso, ma la nostra mente no. In questi ventisei anni siamo cambiati, maturati, spero. Non riuscirei a recuperare le idee del 1981. Per essere sincero, non ricordo proprio cosa pensavo e cosa sentivo nell'81.

Chéreau

Pur essendomi dedicato più volte alla regia cinematografica, in questi ventisei anni in attesa di realizzare il *Tristano* non ho mai pensato di farne un film. E neppure ho pensato di trasformare in film un'altra opera.

Nel 1976-1977 Liebermann si mise in contatto con me per propormi un film sul *Don Giovanni.* Io rifiutai e lui si rivolse a Losey, che accettò. Già è complicato trasporre in televisione un'opera, ma un film d'opera, secondo me, non si può fare. Sono due generi che non possono confluire insieme. Quando ho guardato il film di Losey ho pensato: "Non è male come film, però c'è troppa musica...". I due generi hanno un'economia del tempo, durate e ritmi talmente diversi da non potersi armonizzare.

E poi, che fare dell'Ouverture? Provare a illustrarla...? E che fare, per esempio, dei brani musicali composti solo per permettere a un personaggio di entrare in scena o di uscirne? Nell'opera ci sono dei momenti che nel cinema non possono esistere. E nel cinema ci sono momenti che non possono avere accompagnamento musicale, ma solo silenzio. Sono due modi di esprimersi opposti, antinomici.

Ma per tornare al nostro argomento principale, Richard Peduzzi, il mio scenografo, mi ha ricordato che venticinque, trent'anni fa, quando eravamo a Bayreuth, avevo ricevuto una chiamata da Giorgio Strehler che mi diceva: "Ma Patrice, perché non fai tu il *Tristano e Isotta* alla Scala?".

Gli avevo risposto: "No, sono troppo giovane". Me n'ero dimenticato. Avevo ragione. C'è bisogno di avere un punto di vista più maturo, una visione più profonda della vita, per poter capire quell'opera che per noi – penso per tutti – ha rivoluzionato la storia della musica e in parte persino la storia dell'arte.

Barenboim

Lo studio della partitura del *Tristano* ha cambiato la mia vita e anche la mia visione, il mio approccio alla musica. Perché il *Tristano*, musicalmente parlando, è un capolavoro chiave nello sviluppo della storia della musica. Tutti gli elementi a disposizione di un musicista qui sono espressi al massimo.

La musica è basata su un fenomeno fisico: la respirazione, il ritmo dell'aria che entra ed esce dal corpo. Per questo nella musica ci sono le dissonanze e poi le risoluzioni. Nel *Tristano*, invece, è come se io forzassi qualcuno a inspirare a fondo senza permettergli mai di poter espirare completamente, ma soltanto a metà, e lo obbligassi poi a inspirare di nuovo, ancora e ancora, arrivando così a un'accumulazione d'aria. Nell'armonia di questa partitura c'è sempre un grande ritardo nella risoluzione delle dissonanze. E questo particolare linguaggio armonico va di pari passo con la storia e con i suoi personaggi. Il tema del *Tristano* – come tu hai già detto tante volte – non è una banale storia d'amore, è molto più complesso.

Elemento chiave in quest'opera è, a mio parere, l'ambiguità: dei personaggi, delle situazioni, delle varie interpretazioni degli eventi passati, delle premonizioni per il futuro. Wagner, da genio qual era, ha inventato un linguaggio musicale ambiguo, caratterizzato dal cromatismo. In questa partitura manca una risoluzione armonica diretta e definitiva. Rimaniamo in attesa, senza mai giungere a una soluzione. E, nell'armonia, il non risolvere a fondo significa lasciare un elemento di dissonanza che, pur permettendoci di immaginare risoluzioni diverse, non ce ne offre mai una definitiva.

Senza entrare troppo nelle questioni tecniche dell'armonia, mi riferisco agli accordi dissonanti, che avrebbero una tendenza a risolversi, ma che qui, invece, non sono risolti definitivamente, creando sempre nuove tensioni. Così, prima che sia trascorso un minuto di musica, ogni accordo ha non una, due o quattro possibilità di risoluzione armonica, ma forse ventisei o trenta; chi lo può sapere. Questa ambiguità nel linguaggio musicale, combinata con l'ambiguità dei personaggi, si trasforma in una tensione tanto forte da diventare quasi insopportabile.

Dopo aver sperimentato questo fenomeno nel *Tristano*, finisci per considerare in modo diverso tutta la musica, prima e dopo quest'opera. Se hai assimilato il *Tristano*, diventi consapevole che esiste non solo una velocità del discorso musicale e del ritmo, ma anche una velocità armonica, con diverse possibilità di risoluzione.

L'armonia è l'elemento più forte della musica. Se hai un solo accordo, puoi fare un milione di ritmi diversi senza però poter cambiare l'armonia. L'armonia non si muove, perché è l'elemento musicale più forte. È come Tristano, il protagonista, che all'inizio dell'opera tace. Non per debolezza, ma proprio per la sua forza.

Poi, quando l'armonia decide di fare un passo in avanti, crea automaticamente un altro ritmo. E se prima i ritmi erano un milione, ora diventano un milione e uno. Per questo, la base armonica è la chiave del *Tristano*.

Quando si è capito questo, si può guardare all'armonia con occhi diversi; non soltanto in Mahler o in Schönberg, ma anche in tutta la musica composta prima del *Tristano*. Perché l'orecchio e l'intuizione musicale sono diventati più sensibili a ogni cambio armonico.

Questa ambiguità (che in fondo è anche mutevolezza) contribuisce al cambiamento dei sentimenti dei personaggi; e anche di noi stessi, esecutori e ascoltatori. Lo studio del *Tristano* ha cambiato la nostra visione delle cose. Ha cambiato il nostro quadro di riferimento, la nostra valutazione non solo della musica, ma forse anche della vita stessa.

Con quest'opera ho per esempio imparato ad amare di più la complessità. Perché il *Tristano* rende chiari molti elementi complessi e li fa apparire nella loro vera essenza. A un primo sguardo la sua complessità è così predominante da dissuaderti dal cominciare. Sono sicuro che anche per te sia stato così. Quando si comincia a leggere l'opera, a passare in rassegna i contenuti, c'è bisogno di un certo tempo, di un certo sforzo mentale per metterla a fuoco. Come diceva Freud, quando sappiamo poco abbiamo molta paura. Poi, quando procediamo nella conoscenza, anche la paura diminuisce. Lo stesso avviene con il progredire nello studio di questa partitura: la paura della sua complessità scema. La paura di perdersi, la paura di entrare in un mondo nel quale non possiamo esprimerci liberamente. Attraverso *Tristano* – anche se questo è forse soggettivo – ho veramente imparato ad amare la complessità e a coglierne un fascino di cui prima non ero consapevole.

Non ti capita di sentire la stessa musica in maniera differente, in due momenti differenti?

Chéreau

Sì, può capitare, a seconda del tipo di dinamica che si sviluppa fra gli interpreti, durante le prove. E in quei casi si tratta di una dinamica autonoma, che quando si verifica può essere anche pericolosa. Tanto più che per le prove abbiamo a disposizione solo uno strumento piuttosto povero come il pianoforte. Quando alle prove ci sono ottimi pianisti, di quelli che riescono a farti sentire tutta l'orchestra, è una vera gioia. Cosa rara, però. Se al contrario l'unico stimolo musicale proviene da pianisti di livello medio, non si ha quasi alcun punto di riferimento sulla dinamica o sulla sonorità; si perde ogni relazione con quello che in seguito avremo con l'orchestra.

Ma c'è ancora un altro problema... Più volte mi è capitato di ritornare a casa disperato, di mettermi ad ascoltare il cd dell'opera e di chiedermi: "Che cosa c'è in quel punto? La musica di cosa mi parla?". E provo a riguardare lo spartito che è un supporto abbastanza preciso, perché segnala gli interventi degli strumenti. E poi mi dà suggerimenti importanti di cui devo tenere conto: *forte*, *fortepiano*, *mezzoforte*, *fortissimo*. È utile sapere su quali parole cade l'accento, solo questo. Allora cerco semplicemente di mettere a confronto tutte le informazioni di cui dispongo.

Di sicuro l'enorme superiorità di Wagner sta nella forte tensione psicologica presente nel testo e nella musica, che indica la direzione a cui tendere e la possibile evoluzione dei personaggi. C'è una conoscenza psicologica assai solida e precisa. I personaggi stessi hanno una capacità di argomentazione, di scendere nelle profondità della propria psiche, una volontà di difendersi, di giustificarsi, di regredire alle origini della propria sofferenza, di comprendere il proprio destino. C'è sempre una volontà totale di costruire una *situazione psicologica* con le parole.

Inoltre la parola ha qui un significato che trascende il consueto linguaggio operistico. Ed è così in tutte le opere di Wagner. Anche nel *Ring*, ma in *Tristano* ancora di più. Rispetto al *Ring* il *Tristano* è a uno stadio più avanzato di maturazione creativa.

Nessuno ha mai scritto niente di equivalente al Secondo atto del *Tristano*. Mi riferisco al testo, redatto prima della musica, e che doveva dare al compositore, che è poi la stessa persona, gli stimoli musicali. Per esempio, chi ha scritto l'equivalente del monologo di Wotan nel Secondo atto della *Valkiria*? Non ci sono esempi paragonabili nelle opere di altri compositori. O meglio, diciamo semplicemente che nelle opere di Wagner io mi ritrovo, mi sono congeniali.

Un'opera come *Così fan tutte* è più difficile da realizzare. Ho accettato di farla, ma la materia da trattare è più sottile. Nel *Tristano*, invece, si può attribuire alle parole tutta la loro responsabilità, osare nel costruire i monologhi; si raccontano storie che hanno già avuto luogo e se ne presentano versioni differenti, menzognere; si hanno requisitorie appassionate e falsità. Una dialettica permanente. Sì, tutto questo mi piace.

Tutte le opere di Wagner sono di grande spessore, interessanti da analizzare. Se confrontiamo tra loro i messaggi che l'opera ci offre – e questo è il bello –, ci accorgiamo che non sempre abbiamo tutte le informazioni e non sempre nel momento in cui ci servirebbero. Tristano tace nel Primo atto, ma racconta molte cose nel Terzo, per esempio. Si tratta di un problema di memoria per il regista e per i cantanti. Se tuttavia si riesce a memorizzare l'insieme dell'opera, allora si recuperano gli strumenti che Wagner dà nel Terzo atto, per utilizzarli nel Primo e nel Secondo. In altre parole, c'è bisogno di un indispensabile tempo di analisi. È un lavoro impegnativo, che precede tutti gli altri, e che a volte devo fare da solo, per rendermi semplicemente conto dell'ordine in cui si trovano le parole. E cercare di capire qual è il compito dell'orchestra. Questo lavoro mi ha assorbito per più di sei mesi.

Barenboim

Il pubblico non ne è cosciente, eppure il lavoro di analisi del testo che prima abbiamo fatto insieme, e che poi tu hai condotto da solo mentre io lo sviluppavo con i cantanti, è un nostro impegno primario. Si deve innanzitutto conoscere i contenuti, poi valutare come trasmetterli e quindi come articolarli. E questo bisogna farlo sia per il testo del libretto sia per il testo della partitura musicale.

2.
L'analisi del testo. Il sottotesto

Rapporto fra parole e musica. Il sottotesto come un'interpretazione personale?

Chéreau

Nel mio lavoro ci sono due fasi ben distinte.

Innanzitutto bisogna analizzare con precisione il testo, poi bisogna porsi delle domande. Posso chiedermi, per esempio, se la contraddizione che mi sembra di cogliere in quel punto Wagner l'abbia proprio pensata oppure no. Quindi posso riflettere e dirmi anche: che lui l'abbia pensata oppure no, quella contraddizione può essermi utile. Sono costretto allora a lanciarmi in un'*interpretazione* che non sarà proprio la stessa di Wagner, però ci darà la possibilità di comprendere il testo oggi.

L'intero discorso di Tristano alla fine del Secondo atto, quando lui invita Isotta a seguirlo, non è detto che sia stato scritto proprio così. Infatti, Tristano non chiede a Isotta di andare con lui, o di morire con lui, ma solo se lei accetta di seguirlo là dove lui andrà. Lei acconsente e, da quel momento, in forza dell'accordo, tra loro non c'è più alcun contatto, lui non le parla più. È qui che una mia *interpretazione* diventa necessaria. Tristano saluta tutti, si congeda da Marke e anche da Melot, non dice una parola a Isotta e si getta su una lancia (questo è l'unico espediente che ho trovato per alludere alla sua pulsione suicida, e poco importa il mezzo). Non c'è nulla di falso, tuttavia sono obbligato a una *leggera interpretazione*, che comunque né il testo né la musica contraddicono. Sono obbligato a mettere in scena il fatto che lui non dica cosa sta per fare; mentre sarebbe un errore considerare normale che lui non rivolga più la parola a Isotta e che lei accetti questo comportamento.

Bisogna quindi analizzare il testo e conoscere con precisione il materiale disponibile. In questo la musica è essenziale. A volte mi capita di leggere solo il testo – devo impararlo a memoria per capire come è articolato – e in una prima fase del lavoro immagino certe relazioni di tempi e noto alcune interruzioni che sono sì all'interno del testo (necessarie per la sua comprensione), ma che poi mi accorgo non essere riprese nella musica. E rischio di rimanere bloccato. Tuttavia è a quel punto che il mio lavoro diventa proficuo, è proprio lì che capisco in profondità come mai è stato scritto così e lo accetto...

Casi simili si presentano due o tre volte nel Secondo atto.

Quando, per esempio, Tristano ha deciso che vuole rinunciare alla vanità della luce e agli onori e vede svanire tutto davanti a sé come polvere e andare in frantumi. E propone a Isotta quella via.

Die mit des Schimmers
hellstem Schein
mir Haupt und Scheitel
licht beschien,
der Welten-Ehren
Tages-Sonne,
mit ihrer Strahlen
eitler Wonne,
durch Haupt und Scheitel
drang mir ein,
bis in des Herzens
tiefsten Schrein.
Was dort in keuscher Nacht
dunkel verschlossen wacht',

was ohne Wiss' und Wahn,
ich dämmernd dort empfahn
(Con il suo volto
di bagliore supremo
a me fronte e capo
abbacinando,
l'astro diurno
degli onori mondani
con la vana delizia
dei suoi raggi
per fronte e capo
mi è penetrato
fino all'arca segreta
del cuore.
Ciò che nella casta notte
chiuso nell'ombra vegliava,
che senza scienza né sogno
io là per presagio accolsi).

L'analisi del testo lascerebbe supporre una leggera interruzione, un passaggio nel pensiero quando lui canta:

Was dort in keuscher Nacht
(Ciò che nella casta notte),

invece no. La musica non si ferma a quel punto. Il discorso continua, si flette, si sviluppa e si trasforma in un'altra idea. In nessun momento la musica si arresta. Anche se si osserva: "Be', potrebbe essere qua", non è così, la musica continua. Eppure io devo segnalare al cantante questo spostamento del pensiero, e usarlo. Compito difficile, perché il cantante non ha il tempo di farsi una nuova idea, di sentirla, evocarla e poi esprimerla. Il pensiero non muta veramente. Deriva dal momento precedente, si trasforma, ma senza una vera interruzione.

Barenboim

Ma torniamo all'*interpretazione*, una parola che non mi piace e ti spiego perché.

Si comincia a leggere il testo, ci si sforza di capirlo. Poi si immagina un sottotesto che abbia affinità...

Chéreau

Sì, e che sia in accordo anche con il testo.

Barenboim

Certo. E poi cominci a immaginare come metterlo in scena. Tuttavia l'unico criterio per accorgerti se l'idea è giusta non è il tuo sottotesto, bensì il testo stesso. In altre parole, puoi interpretare il testo in un certo modo, ma le tue scelte sono valide solo se puoi giustificarle con il testo stesso, e non con il sottotesto.

In caso contrario, avrai messo in scena la tua interpretazione e non il testo. Questo è il motivo per cui il discorso sul simbolismo o sul naturalismo di una regia è, in un certo senso, un discorso falso. Tu stesso hai affermato di non poter mettere in scena i simboli; questa ipotesi sarebbe una facilitazione involontaria. Nel momento in cui ti concentri sui simboli, infatti, non hai più bisogno di basarti sul testo. Ti basi su ciò che inventi e utilizzi il testo solo per giustificare la tua realizzazione scenica, la tua stessa interpretazione. Anche in musica avviene la stessa cosa. Ma non è corretto.

In definitiva, l'esecuzione di un testo (musica o libretto, non c'è differenza) può essere giustificata solo dal testo stesso. Infatti, se ho sottolineato più o meno un certo passaggio è perché lo vedo nel testo. Non posso dire: "Suono così perché lo sento così, perché la mia interpretazione di questo brano lo rende di una bellezza superiore". Se nell'esecuzione mi prendo una certa libertà in merito alla dinamica o al tempo, devo poterla giustificare *post factum* con il testo stesso e non con la mia interpretazione del testo.

Chéreau

Sono pienamente d'accordo con la tua analisi e con le riserve sul termine *interpretazione*: anch'io ho elaborato lo stesso rapporto con il testo, nell'accezione del testo d'opera, costituito da parole e musica.

Barenboim

L'essenziale – e lo si può verificare durante le prove, le tue o le mie – è che entrambi abbiamo un modo molto simile di lavorare e di prepararci sul testo. Mi riferisco sia al libretto sia alla partitura musicale. Entrambi condividiamo lo stesso fanatismo per il dettaglio. Non esiste un particolare tanto trascurabile da non dover essere letto o discusso; il nostro è un lavoro minuzioso. Ma la questione della fedeltà al testo è in realtà un falso problema: la fedeltà deve essere all'opera, non al testo stampato. La musica, la partitura del *Tristano*, non è rappresentata dal libro davanti a noi, ma da ciò che sentiamo quando si comincia a suonare. Quindi la fedeltà al testo è un concetto vago e impreciso.

È nostro compito studiare bene il testo, esaminarne la costruzione, la struttura musicale, la struttura armonica e gli altri elementi strutturali; e anche i mezzi musicali impiegati, ossia la dinamica e le sfumature. Ma il ruolo del musicista prevede pure la ricerca del sottotesto. La musica ha infatti un suo sottotesto, così come il libretto.

Per esempio, in questo punto dello spartito è indicato *piano* e dieci misure più avanti è ripetuto ancora *piano*; che relazione c'è tra i due, e perché? Uno è forse più forte dell'altro, o uno è più debole dell'altro, oppure uno dei due ha un altro carattere? Bisogna esaminare la partitura dai vari punti di vista e valutare tutti i mezzi espressivi a nostra disposizione.

Spesso nel *Tristano* c'è un *fortepiano*, poi un altro ancora, e la stessa musica si ripete e si accumula. La terza volta invece c'è uno *sforzando* senza il *piano*, e questo ti lascia sorpreso.

Per esempio, nel Secondo atto, quando Tristano arriva:

Mein! Tristan mein!
(Mio! Tristano mio!)
Mein! Isolde mein!
(Mia! Isotta mia!)

ci sono in orchestra ben tre *fortepiano* all'inizio di ogni successiva misura.

Ma poi, con

Das Licht! Das Licht!
(La luce! La luce!)

c'è per due volte un *forte* all'inizio e un *piano* alla fine di ogni misura e, subito dopo, un *forte* in tutta la misura.

È importante capire il perché sul piano musicale; in relazione al testo è evidente. E credo che se regista e direttore d'orchestra hanno idee troppo differenti sull'importanza dei dettagli, sia impossibile per loro lavorare insieme.

Chéreau

Ritorniamo ai due testi. C'è un testo che leggo, composto da parole, e un testo che non leggo ma ascolto, che è la partitura.

La scommessa che abbiamo fatto senza neanche dircelo è che le nostre due analisi coincidano. Il linguaggio comune lo abbiamo e lo troviamo proprio nell'attenzione al lavoro dell'altro, durante le prove. Questo funziona solo se tu contribuisci con la tua estrema conoscenza musicale e con l'analisi della partitura, come anch'io contribuisco con la mia sufficiente conoscenza del testo e con un'analisi cominciata in ottobre-novembre dell'anno scorso e passata poi per varie tappe. Ricordo alcuni giorni a Berlino con te, poi alcune settimane in gennaio con Clément Hervieu-Léger, il mio drammaturgo. E, dopo, tutti i giorni, tutte le settimane, quando potevo, ho lavorato per rispettare la scadenza: nell'aprile di quest'anno mi ero impegnato a consegnare la nota di regia da inserire nel programma di sala (*"Wann wird es Nacht im Haus?" Note su* Tristano, *aprile e ottobre 2007*). Perciò dovevo riuscire a chiarirmi le idee, diciamo che dovevo completare l'analisi del testo.

Eppure la questione non è mai quella di avere o non avere *idee*. È piuttosto facile trovare idee per la messa in scena. Se ne possono avere una decina al giorno. Il problema, invece, è sapere esattamente che cosa racconta il testo – grazie all'analisi – e come *idee* molto concrete possano incarnare il contenuto del testo. Poiché il testo è immenso, importante e incredibilmente strutturato, bisogna conoscere il materiale prima di avere qualsiasi idea. Sono stati necessari quattro o cinque mesi di lavoro prima di incontrarci dal 15 al 21 ottobre, quando sei venuto a Milano la prima volta. Non pensavamo che bisognasse trovare assolutamente un'idea comune, ma dicevamo: "Scommettiamo che, se ci ascoltiamo, troveremo per forza – anche più di un'intesa – un accordo, e andremo nella stessa direzione?". Lui mi dirà cose a cui io non ho pensato, io gli dirò cose a cui forse lui non ha ancora pensato. L'importante è comunicare.

Barenboim

Del testo dell'opera di *Tristano* abbiamo parlato soltanto a Berlino, durante i quattro giorni trascorsi insieme.

Chéreau

Dopo quei giorni a Berlino, infatti, ho cominciato a entrare nell'opera, a sentirla dentro di me, sono riuscito veramente ad ascoltarla e a lavorarci; è stato nei mesi di gennaio, febbraio e marzo. Mi sono posto dapprima il problema di conoscere i materiali, poi mi sono chiesto che cosa ci possono raccontare oggi, facendo esercizi incrociati. Per esempio guardavo scadenti dvd di altre produzioni. È utile sapere cosa evitare, riconoscere i tranelli, i punti in cui altri registi hanno considerato naturale quel che si diceva e non l'hanno messo in discussione. Gli errori talvolta sono evidenti o, meglio, si riescono a individuare subito le idee troppo corte, le idee concepite *solo* per la messa in scena, appiccicate, non legate al testo, che lasciano la musica fuori dalla porta, senza sposarla.

C'è dell'altro. Il mio handicap è che non leggo la musica. Sono condannato ad ascoltare una registrazione su cd. La registrazione di Wagner su cd è particolarmente faticosa da ascoltare, anche se avevo copia della tua esecuzione di Berlino con la Filarmonica. È faticosa perché ci vorrebbe una qualità di riproduzione di ottimo livello, un impianto sonoro sofisticato, e perché bisogna sempre ritornare indietro. Tutto l'opposto della lettura. Per me leggere un testo è un piacere straordinario perché posso guardare le parole. L'ascolto di un disco invece mi condanna a un certo mix fra parole e tempo prefissato, e questo vincolo è faticoso da sopportare.

Ho provato un senso di liberazione il primo giorno delle prove che abbiamo fatto a Aix-en-Provence con i due interpreti principali (insieme a Julien Salemkour al pianoforte), perché d'improvviso avevo due persone in carne e ossa che cantavano le parole. Quando senti cantare le parole da due persone, fisicamente davanti a te, ricevi un contenuto di informazione che un cd non può darti.

Poco fa hai detto: "La musica, la partitura del *Tristano*, non è il libro davanti a noi, ma ciò che sentiamo quando si comincia a suonare". Il vero secondo tempo dell'analisi è iniziato proprio quel giorno: quando le parole sono diventate dialoghi, le idee sono diventate parole e le parole energia trasmessa dai corpi.

Così ho incrociato tra loro le varie esperienze: i cinque giorni di prove a Aix in luglio, i dvd da guardare e i cd da ascoltare, e poi ho cercato di leggere tutti i libri che trovavo. Ho riletto Thomas Mann, l'ho confrontato con Novalis, poi Teresa d'Ávila, san Giovanni della Croce, e mi sono spinto a fare un'incursione in Schopenhauer... Ecco, è stato questo il lavoro preparatorio.

3.
Pericoli dell'interpretazione

Strumentalizzare l'opera per giustificare una concezione puramente personale. Rigore nell'analisi del testo. Concretezza dei dettagli e visione d'insieme dell'opera.

Barenboim

Le conclusioni che noi, o altri prima di noi, abbiamo tratto dalla leggenda di *Tristano e Isotta*, o dall'opera di Wagner in genere, non mi interessano. Pur dedicandoci a riflessioni, associazioni d'idee, fantasie della nostra immaginazione, alla fine ciò che ci unisce, l'unico nostro criterio, è che le cose che facciamo, le decisioni che prendiamo in maniera consapevole, devono derivare unicamente dal testo.

Il rigore è importante. Per creare un'opera, teatrale o musicale, l'unico criterio è attenersi con rigore agli esiti del testo. Le possibilità di sue interpretazioni, ovvero di individuare il sottotesto, sono numerose. Ma il sottotesto non deve mai diventare l'unico elemento trainante per la lettura musicale e la messa in scena.

Oggi nei teatri tedeschi spesso si ritrova l'ossessione per *das Konzept*, che tende a diventare più importante del testo. Ma che cos'è questo *concetto*?

Se leggi un testo puoi coglierne il concetto principale. Tuttavia, se provi a rappresentarlo sulla scena, non puoi usare l'opera per giustificare il concetto. Il concetto può solo giustificare i contenuti presenti nell'opera, cioè nel testo delle parole e nel testo musicale.

È come se io dicessi: *Tristano e Isotta* è un'opera sull'amore e la morte. (Evidentemente semplifico.) E siccome l'amore è un amore sessuale, lo esprimo in musica con dei *crescendo* e con degli *accelerando* poderosi, mentre la morte la esprimo con una rigidità che non cede mai al ritmo. Perciò, appena scorgo l'amore faccio *crescendo* e *accelerando*, appena scorgo la morte... Non è possibile. Non è giustificato. In tal caso metterei in scena non l'opera, ma la mia interpretazione dell'opera.

Nel nostro lavoro ci sono tre elementi: il testo, il sottotesto, che è l'interpretazione individuale, e la messa in scena. Ma la messa in scena può essere solo il risultato del testo e non una pura messa in scena della propria interpretazione. L'interpretazione intellettuale, razionale, emotiva del testo può servire solo a trovare il modo di realizzare il testo. Non a re-inventarlo.

È importante affermarlo, perché oggi, all'opera, troppo spesso si trovano spettacoli che non fanno altro, anche se a volte sono seducenti. L'interpretazione, l'idea, *das Konzept*, non sempre è negativa, anzi si può rivelare assai interessante, tuttavia non può diventare un'idea trainante non basata sul testo.

Chéreau

A volte un concetto non è parte integrante della messa in scena, ne resta al di fuori. Un concetto, come qualsiasi interpretazione, deve incarnarsi in parole e produrre evidenze, nient'altro.

La questione della messa in scena di un'opera è più complicata di quanto si pensi. Sono diversi i livelli che devo attraversare. Innanzitutto l'analisi, che cerco di fare aiutato da testi e soprattutto con il lavoro svolto insieme ai collaboratori.

È un processo lungo, si deve leggere molto, sull'opera e su ciò che vi sta intorno, verificare le intuizioni e insieme diffidare, fare letture incrociate: parlo di erudizione. A proposito del *Tristano*, un importante ambito di ricerca esplorato con Clément Hervieu-Léger è stato l'opera dei grandi mistici spagnoli; credo che Wagner li avesse letti. Riflettere su Tristano che si strappa le bende e lascia scorrere il sangue fino a morirne, infliggere le stimmate a Isotta e in questo modo azzardare una risposta, molto elementare, alla domanda: “Lei di che cosa muore?”.

Un secondo tipo di lavoro è stato svolto con Thierry Niang, che è molto più di un coreografo, con cui collaboro sempre più spesso; lui ha scelto con me gli attori dello spettacolo e ha un approccio ai testi insieme riflessivo e intuitivo. Con lui abbiamo riletto le parole, ci siamo svincolati dalla stretta erudizione, abbiamo ascoltato i suoni ragionando su come *incarnarli*. Da questo lavoro, per esempio, è nata l'idea di rappresentare Tristano che perde la vista e che forse alla fine diventa cieco: *hör' ich das Licht* (odo la luce?).

Ripeto ancora queste parole: analisi del testo. A volte si tratta di un compito quasi scolastico, ma è utile capire quali sono le parole usate, che cosa si dicono i personaggi, di che cosa discutono, quali idee dibattono, come parlano e come si rispondono.

Barenboim

Per la musica vale ciò che si ascolta. In musica le teorie non possono differenziarsi dalle righe della partitura. E inoltre devono essere *udibili*. Perché, in fondo, l'unico criterio è cosa può essere ascoltato e cosa non può esserlo.

Chéreau

Esatto. A volte ascoltiamo brani interi, gradevoli, intelligenti, che tuttavia restano ipotesi, neppure collegate a ciò che si vede. Allora la messa in scena diventa fragile e vari aspetti dell'interpretazione restano fluttuanti.

Consideriamo, per esempio, la questione del veleno. La nostra scelta riguardo al veleno o filtro d'amore, che in scena è visibilmente acqua, probabilmente non è del tutto leggibile. Tuttavia penso che ciò non sia percepibile. La nostra *interpretazione*, quindi, non rientra completamente nel testo.

Viceversa ci sono momenti più riusciti, e la mia interpretazione del tutto personale rientra nel testo e produce un'evidenza. Ritengo, forse con qualche pretesa, che uno dei miei contributi importanti al *Tristano* sia la fine del Secondo atto.

Si tratta di un punto in cui nel libretto non si trova nulla di veramente chiaro, ma che neanche mi contraddice, né nella partitura né nelle parole del testo, anzi.

Barenboim

Quindi è giustificato.

Chéreau

A volte l'interpretazione è leggermente separata dal testo, dall'analisi del testo.

Barenboim

Nel tuo caso, però, non è mai in contraddizione.

Chéreau

Lo spero, ma a volte è fluttuante, fluida. Ci sono traguardi che non ho ancora raggiunto, imperfezioni che i cantanti non hanno ancora eliminato. Il lavoro del regista si fa allora problematico. O, ancora, ci sono raccomandazioni che i cantanti hanno recepito perfettamente, ma che eseguiranno in seguito.

Barenboim

Il tempo di assimilare...

Chéreau

Sì, il tempo a loro necessario per interiorizzare, perché tutto diventi naturale. La messa in scena è ancora da finire. Per questo non possiamo ancora parlare di concetto.

Il giorno della prima il lavoro si arresta, anche se non è lì che abbiamo completato il nostro percorso. Quel giorno le cose vengono fissate e si decide di non cambiarle più. Si continua su quella via, anche se ci sono dettagli da correggere o da perfezionare.

Barenboim

Per ritornare al nostro tema centrale, non amo la parola interpretazione in relazione alla musica, dove di fatto l'interpretazione non c'è. Si può infatti parlare di realizzazione fisica del testo, che certo ha in sé molti margini di libertà, ma non di interpretazione. Io non interpreto *Tristano*, posso solo limitarmi ad acquisire sull'opera il massimo delle conoscenze; e ne utilizzo il termine nell'accezione di Spinoza, riferendomi all'essenza della conoscenza e non alla semplice informazione o all'esperienza empirica. Quindi cerco di pervenire alla migliore realizzazione possibile, ma questa non è certo una mia interpretazione.

Chéreau

Il regista, invece, deve immaginare la partitura. È come se lui avesse le note ma non lo spartito. Come se dovesse immaginarselo. Ci sono quindi vari motivi per accettare la parola *interpretazione*.

Barenboim

La ragione per cui il risultato del mio lavoro con il *Tristano* è ritenuto differente da quello conseguito da altri direttori d'orchestra sta nella diversa realizzazione, che comunque non è interpretazione. Senz'altro contribuiscono aspetti dialettici e filosofici. Io stesso, da una sera all'altra o con orchestre diverse, raggiungo risultati differenti quando dirigo *Tristano*. Il peso del suono dell'orchestra non è uguale a quello adottato da altri direttori, la velocità cambia. Ma se un altro direttore d'orchestra dirige *Tristano* in maniera più o meno veloce o con un volume più o meno forte, questo non significa che lui abbia un'altra interpretazione della partitura. Semplicemente realizza in modo differente gli *spots*, quelle macchie nere sulla carta bianca che formano la partitura. Tuttavia quelle macchie nere sulla carta, che si acquistano in un negozio, non sono il *Tristano*; il *Tristano* è ciò che si materializza quando, in qualche parte del mondo, un gruppo di persone si riunisce per dare vita a quelle macchie nere in un'altra realtà fisica.

Decisamente non concordo con chi considera la mia realizzazione come un'interpretazione psicologica, emotiva. È proprio l'opposto. Perché il fenomeno suono è un fenomeno fisico? Perché deriva da elementi fisici che operano nel mondo. È un fenomeno che, per sua stessa natura e per i vari modi in cui possono essere combinati i suoni, assume a volte una dimensione emotiva, umana o metafisica. Tuttavia non possiamo prendere decisioni basandoci solo sulla sfera emotiva e sostenere che, se sento in questo modo, allora opero in questo modo. Niente affatto! Ritengo che in molti musicisti vi sia un'incomprensione totale quando pensano di dover interpretare (questa critica non può essere certo rivolta a te, Patrice). La questione non è interpretare, bensì realizzare. O forse si potrebbe parlare di interpretare la realizzazione, non l'opera.

Chéreau

La realizzazione fa parlare l'opera con la sua voce. Ci permette di ascoltarla come era stata scritta e concepita. Capita che questo processo sia inteso in maniera differente. Succede anche per la regia.

Barenboim

Ti propongo un esempio molto concreto. *Tristano e Isotta* comincia con i violoncelli in assolo che suonano la-fa. Si tratta di un intervallo di *sesta*. Sul piano armonico le due note possono offrire molte possibilità differenti: un accordo in fa maggiore, per esempio. Allora osservo come continua la musica e mi rendo conto che non è così. Wagner non utilizza qui il la e il fa nello stesso accordo. In altre parole, sul la c'è un'armonia non scritta; immagino sia un'armonia in la minore. Più avanti, nel Preludio, Wagner ha adottato il la maggiore. Questa, se vuoi, è la mia interpretazione: che sul la ci sia un accordo di la minore immaginario. Nel momento in cui suona il fa, il fa è al di fuori di questo accordo, quindi c'è una forte dissonanza, un attrito sonoro.

Tutto questo, se si vuole, è una mia immaginazione, però nel testo non c'è niente che mi dica il contrario. Quindi io non vado contro il testo. Formulo l'ipotesi di un'armonia in la minore sul la e, forse, in fa maggiore sul fa. Poi sono spinto a prendere altre decisioni, per esempio a cercare una sonorità diversa per le due note. Allora chiedo ai violoncelli di suonare il la con un *vibrato*, non solo dopo la nota, ma anche prima, in modo che l'inizio del suono sia il risultato di un *vibrato* sulla nota. Poi chiedo che il fa lo suonino senza *vibrato*, in modo che si senta il cambiamento. È una decisione minima, ma non un'interpretazione.

Potrei parafrasare e dire: "Sì, già a quel punto si nota la dissonanza, si vede la tensione, c'è un cambiamento impercettibile, c'è l'ambiguità di due tonalità che si fondono...", ma sarebbe un'interpretazione letteraria, che non ha niente a che fare con la musica.

Si definisce induttiva una prospettiva che, per accumulo di dettagli, finisce per costruire l'architettura, la totalità dell'opera. Sono d'accordo. Si deve cominciare il lavoro studiando tutti i dettagli. Nello stesso tempo, si può guardare il testo in una prospettiva d'insieme, da cui si cerca di valutare la totalità dell'opera. Avendo una visione globale della partitura, del testo, una visione unitaria dell'opera, posso ritornare a lavorare sui dettagli con quello che si definisce un processo deduttivo.

Comunque, non si tratta di interpretazione.

Mi chiedo perché bisognerebbe cominciare da un concetto già elaborato e solo dopo guardare ai dettagli. A mio avviso è più corretto il contrario: partire dal dettaglio perché all'inizio si vede solo quello.

Quando si guarda la partitura del *Tristano* per la prima volta nella propria vita, non si ha l'idea della sua totalità. Si comincia con l'osservare i dettagli, come i vari elementi che compongono un paesaggio. Non si parte quindi da un concetto globale per arrivare al particolare ma, al contrario, si parte dal dettaglio per arrivare alla concezione della completezza. Attraverso la comprensione dei differenti aspetti armonici e ritmici si raggiunge alla fine una concezione dell'opera nella sua complessità.

Chéreau

Talvolta penso di non essere ancora pervenuto a una vera visione d'insieme del *Tristano*, di trovarmi ancora nei dettagli. Per il *Ring* mi ci saranno voluti tre anni...

Barenboim

È un mio dovere raggiungere le più ampie conoscenze sul testo. Eppure penso che neanche se vivessi trecento anni riuscirei a conquistare il massimo delle conoscenze su tutti gli aspetti di una partitura come *Tristano*: dal fenomeno-suono fino ai dettagli necessari per una corretta esecuzione della musica.

In ogni caso, anche se riuscissi a esplorare tutto, non si tratterebbe ancora di interpretazione. Potrei solo giungere a un grado superiore di conoscenza, al fine di realizzare sul piano fisico – quindi dell'ascolto – ciò che vedo sulla carta. Ma non sarebbe ancora un'interpretazione. Sono state commesse molte ingiustizie verso le grandi opere, in nome dell'*interpretazione*. Rendiamoci conto che di fronte al testo non c'è posto per l'interpretazione.

Quando si parla del *Tristano* di von Karajan e del *Trista-*

no di Kleiber (invece di riferirsi al *Tristano* di Wagner), oppure del Beethoven di Toscanini o di Furtwängler, ci si riferisce a oggetti del tutto differenti, che producono sul pubblico effetti radicalmente diversi. Eppure non si tratta di interpretazioni ma di realizzazioni fisiche differenti di un testo scritto.

Chéreau

Anch'io parto da un'analisi del testo e delle differenti componenti, con il supporto delle conoscenze che ho cercato di acquisire. Ma ai miei stessi occhi ciò che interpreto, ciò che costituirebbe la mia pura interpretazione, è certo meno interessante rispetto alla comprensione del testo che ho davanti, rispetto al materiale su cui sto lavorando mentre cerco di risolvere il mio problema, ovvero come costruire quest'oggetto, che è uno spettacolo, a partire dal testo che ho e non da un altro che dovrei inventarmi.

Barenboim

Non è una questione di termini. Un'interpretazione è qualcosa che tu stesso hai fissato. Tu vedi quell'opera, quel passaggio o quelle due note in quel determinato modo, quindi metti in scena o suoni l'interpretazione. Non l'opera.

Chéreau

Certo, non si comincia da un'elaborazione concettuale, non si analizza il testo per arrivare a una concezione. Del resto io stesso non ho una *concezione*. Non sono pretenzioso fino a questo punto. Cerco di capire che tipo di materiale ho tra le mani. Cerco di analizzarlo e ne traggo delle conseguenze *obbligate*. A volte a certe conclusioni Wagner è già arrivato prima di me, a volte no, e allora procedo con estrema prudenza. Per questo, quando mi dicono: "Hai fatto una cosa talmente nuova!", la risposta che do sempre è: "No, questo è scritto nel testo". Tanto peggio per gli altri, se non l'hanno visto.

Barenboim

Quando eseguo un brano, penso esattamente la stessa cosa. Anche se è vero che nella mia esperienza ho acquisito conoscenze e idee sulla realizzazione di una partitura, per esempio in merito al volume, alla flessibilità o alla fluttuazione del tempo. Per questo Furtwängler e Toscanini usano due *tempi* differenti, due fluttuazioni differenti, ma non per questo suonano le loro interpretazioni. Ciascuno di loro, sia Toscanini sia Furtwängler, ne sono sicuro, pensavano di realizzare quanto avevano scritto i compositori. E questa non è interpretazione.

In questo lavoro di rigore e di rispetto del testo che è oggettivamente davanti a noi, diventa altrettanto poco interessante parlare delle *conseguenze* per il pubblico, degli effetti della realizzazione. Io non ho mai pensato alla reazione del pubblico quando suonavo una frase musicale.

La reazione del pubblico è una conseguenza, non un'azione; è una reazione.

Ti farò un altro esempio molto semplice. Nella *Settima sinfonia* di Bruckner, nel Trio dello Scherzo, c'è una melodia piuttosto semplice da eseguire, anticipata dagli strumenti a corda. Quando questa melodia viene ripresa c'è un intervento di due misure del terzo corno, che si sente raramente. Spesso i musicisti dell'orchestra mi hanno detto: "Ma questo pezzo non lo abbiamo mai sentito. È nuovo". Non è nuovo affatto. Non è stata la mia interpretazione a far risaltare il terzo corno. Forse ho avuto solo un po' di intelligenza e di comprensione e ho pensato che, se c'era qualche cosa di importante, bisognava sentirla. Perciò ho ridotto il volume degli strumenti a corda per far sentire il terzo corno. Ma, di nuovo, questa non è interpretazione. Le note ci sono, però non possono essere sentite se gli strumenti a corda suonano troppo forte; non si tratta di un'altra interpretazione. Non ci riferiamo a un'interpretazione della follia, del calore o della passione... Queste espressioni letterarie non hanno alcuna attinenza con la musica, e neanche rispetto, perché quando si dice rispetto, si dice modestia. In questo caso la modestia non c'entra. La mia non è falsa modestia. Cerco di rendere udibile quello che è scritto.

Rigore è sapere che devo rendere al pubblico tutto quanto leggo nella partitura. Se questo provoca un effetto differente sulle persone in ascolto, tanto meglio per me o tanto meglio per loro, ma non si tratta di interpretazione. Non posso affermare: "La mia interpretazione mi suggerisce che qui ci vuole un'enorme passione o, al contrario, una visione strutturale". In musica questo non accade. Non si può separare l'elemento razionale dall'elemento emotivo. La differenza tra eseguire i differenti suoni e fare musica con essi sta nel dare loro una coesione, nell'attribuire loro un impianto organico e un'interdipendenza permanente. L'interdipendenza proviene da una relazione tra le diverse sonorità eseguite. Questo presuppone che si debba poter sentire tutto. Non è un'interpretazione e neppure una questione di terminologia. Se insisto su questo aspetto è perché le conseguenze sono rilevanti.

Chéreau

Spesso la parola *interpretazione* è pericolosa. Ricordo a questo proposito un critico francese che mi aveva intervistato su *Amleto*. Avevo fatto la regia di *Amleto* perché avevo pensato che, se si è registi, prima o poi bisogna realizzare *Amleto* e confrontarsi con un simile capolavoro, come accade per *Tristano*. Alcuni giornalisti vennero a chiedermi qual era la mia *interpretazione* di *Amleto*. Stavamo provando e, con grande costernazione dei critici, risposi: "Per il momento non ho nessuna interpretazione. Innanzitutto cerco di capire come è scritta l'opera, che cosa mi racconta e come me lo racconta".

Prima di qualsiasi tentativo di interpretazione – parola che peraltro mi sono ben guardato dall'utilizzare – ho semplicemente cercato di riflettere, di arare il testo. Tutto veniva di conseguenza, nel vero senso della parola. Come ho fatto per *Tristano*. Isotta ha i suoi antecedenti: Medea, Fedra e altri personaggi ricorrenti nella tragedia greca. Posso immaginare di giungere all'interpretazione, ma non parto da essa, non ritengo di essere più intelligente di altri o di poter sentire con maggior intensità un brano o l'altro dell'opera, grazie alla mia particolare sensibilità. Questo non mi interessa. Forse la mia eventuale sensibilità si limita a farmi analizzare il testo meglio o in maniera più precisa rispetto ad altri, tutto qui.

Barenboim

Interpretazione significa che cosa l'opera dice a me. Tuttavia non suono ciò che l'opera mi dice. Suono ciò che penso di vedere nell'opera. Quindi, il solo criterio è l'opera stessa, il testo. È vero che ci sono diversi gradi di conoscenza di un testo. Non si tratta di dire semplicemente: "Io mi limito a suonare le note". Cerco di non cadere in un peccato di omissione, e nemmeno nel suo contrario.

Chéreau

Non stiamo facendo sfoggio di modestia. Credo che ci voglia un orgoglio maggiore per analizzare con correttezza quanto è scritto piuttosto che per interpretarlo.

Quando dico che qualcosa è scritto nel testo, non lo faccio per pararmi le spalle. Lo faccio eventualmente per il piacere di stupire le persone che forse non avevano letto il testo esattamente, ed è questo il mio gesto di orgoglio: analizzare il testo in maniera corretta e servirmi solo delle parole e delle note che vi sono scritte.

Barenboim

C'è una sola persona al mondo che potrebbe avere un'interpretazione del *Tristano*, ed è colui che lo ha creato.

Chéreau

In vari momenti, quando leggiamo il testo, ci diciamo: "Avrei preferito che fosse scritto in un altro modo". Capita di non comprenderne sempre la logica. Allora, per cominciare, siamo obbligati a capire quello che è scritto.

Barenboim

Sì. E molto spesso dico ai musicisti dell'orchestra, oppure a me stesso, mentre suono al pianoforte: "Perché c'è questa modulazione? Avrebbe potuto andare in quell'altra direzione". E a casa suono il brano diversamente, cambiando il testo, la musica scritta, per vedere quali possibilità non sono state realizzate dal compositore.

Nel *Tristano* si ha l'impressione che alla terza misura l'armonia sia solo a metà, che resti in sospeso, senza risoluzione. Si può anche immaginare di aggiungerci un accordo e di avere quindi la risoluzione immediata. Ma così si cambia tutto. Se si parlasse di interpretazione, dovrei avere il diritto di aggiungere quell'accordo e di arrivare alla risoluzione totale, e quindi di continuare. Ma non posso prendermi una simile libertà. Io devo capire perché Wagner ha fatto in quel modo.

Chéreau

Una sola volta nella vita mi è capitato di mettere in scena lo stesso lavoro in due momenti diversi: il primo in un teatro di prosa e il secondo in un teatro d'opera, perché dal testo teatrale era stata tratta un'opera. Era la *Lulu* di Alban Berg di cui prima avevo messo in scena il testo di Wedekind. Ero, per così dire, più avanti dei cantanti e del direttore d'orchestra, perché ero il solo che aveva già fatto il Terzo atto di Wedekind, in teatro: quel Terzo atto che non era ancora mai stato rappresentato in musica e che quindi era la nuova creazione. Sapevo perfettamente cosa succedeva, mentre i cantanti, che scoprivano la partitura di Cerha (che aveva finito la partitura incompiuta di Berg, *N.d.C.*), non sapevano nulla.

Eppure durante le prove mi sentivo spesso tormentato, perché era come se un altro regista mi avesse preceduto. Berg, nel suo libretto, ha fatto dei tagli rispetto al testo di Wedekind; ha prolungato i tempi o li ha ridotti nei punti in cui io avevo acquisito un determinato ritmo dalla mia precedente messa in scena. Per me è stata una tortura perché Berg non indugiava con i tempi là dove io mi soffermavo, oppure prendeva più tempo là dove io non ne prendevo, accentuava o prolungava la durata di una nota o metteva in risalto momenti che io non valorizzavo. Insomma, si creava una tensione, che è stata assai feconda e interessante per me. È stato un esercizio di grande interesse, perché evidentemente mi sono dovuto adattare al fatto che, tra una battuta e l'altra, dove io in teatro immaginavo una svolta decisiva, Berg non immaginava niente o non mostrava niente e, al contrario di me, procedeva senza arrestarsi, senza modulazioni né altro. È ovvio, sono stato obbligato a mettere in scena l'opera di Berg e non quella di Wedekind; e non ho neppure utilizzato la mia precedente messa in scena del testo di Wedekind. Era Berg che bisognava mettere in scena. Tuttavia è sempre interessante giocare, flirtare anche con ciò che non è stato scritto e ritornare poi al testo, alla lettera.

Anche in quel caso non si è trattato di interpretazione. La mia *interpretazione*, se si pensa che ci sia stata con l'opera teatrale, che in effetti era più libera, ha subìto uno scacco dal testo e dalla partitura di Berg. Infatti la musica andava in un'altra direzione. L'opera non si dirigeva dove io pensavo che dovesse andare.

Berg ha reinterpretato Wedekind. E io ero tenuto a seguire Berg, con il piacere della costrizione. Perché è piacevole seguire una direzione che non è per forza la propria.

Barenboim

Tuttavia, per ritornare al nostro tema principale, i pericoli dell'interpretazione, mi sembra che il mondo della musica sia in una fase discendente, in parte anche per questo. Si elaborano idee e poi si utilizza la musica solo per supportare le proprie teorie.

ASPETTI DELLA REGIA

1.
Il metodo

Decifrare e interpretare il testo. Le radici della gestualità. Improvvisazioni senza parole. Seguire un'idea centrale, dall'interno del personaggio. La durata delle scene. Gli interludi strumentali. L'anticipazione della fine. La filosofia della morte nel Tristano. *Rendere la musica necessaria.*

Chéreau

Il metodo è innanzitutto lavorare. Leggere, a volte senza capire, e non interpretare senza prima conoscere. Comprendere che cosa voleva dire l'autore, almeno in termini di dimensione e di durate.

Ecco un problema centrale in *Tristano*, la sua lunghezza, e poi il parlato, più presente rispetto ad altre opere dello stesso Wagner. Diventa quindi necessario munirsi di metodo e di tecnica, per dirigersi subito verso le difficoltà, individuando i momenti che saranno più complessi: innanzitutto il Secondo atto (non ancora del tutto risolto nella mia regia), perché quando Marke arriva, il duetto non è ancora terminato.

Su i due protagonisti, Waltraud Meier (Isotta) mi ha posto più volte domande molto giuste: "Che avrebbero fatto se non fossero stati interrotti? Che avrebbero fatto se Marke non fosse arrivato? Verso quali decisioni li avrebbe orientati la loro struttura psicologica? Quale sarebbe stata la conclusione naturale di quel dialogo e di quella dialettica (*O ew'ge Nacht* – Eterna notte) che Tristano usa per convincere Isotta? E di cosa esattamente la convince?". E in definitiva: "Che cos'è questa *Liebesnacht* (notte d'amore?)".

Problemi non ancora del tutto risolti, perché non individuati al momento giusto. È mia abitudine andare direttamente a scovare i punti difficili, me lo dice l'istinto. Allo stesso modo mi sono comportato con altre opere, per esempio con *Amleto*, dove per rappresentare lo spettro bisogna cercare presto una soluzione scenica accettabile. Non è sul palcoscenico che si trova la soluzione, perché lì manca il tempo, bisogna immaginarla prima, rifletterci, chiedendosi cos'è che nelle rappresentazioni di *Amleto*, quando arriva il fantasma, non funziona mai. O nel *Don Giovanni*, come risolvere, alla fine, l'arrivo del Commendatore?

Il mio istinto mi porta con naturalezza verso i punti nevralgici, difficili da reperire nel testo, tuttavia non sempre ci riesco.

Nel Secondo atto, per quanto possa apparire assurdo, c'è un aspetto di cui si diventa consapevoli solo più tardi, dopo l'esperienza fisica delle prove. È la lunghezza, cioè il modo in cui si articola e si modifica la tenzone oratoria fra Tristano e Isotta, come lui giustifica davanti a lei ciò che ha fatto, come ha vissuto la loro lunga separazione e il silenzio, e poi quello spaventoso viaggio sulla nave. Approfondendo risulta chiaro che lei non lo lascia andare, che lo tallona, e lui deve difendersi ancora e ancora (con quella famosa domanda che riprendo senza sosta: "Perché è andato lui stesso a cercare Isotta? Che cosa ha da dire in sua difesa?"). Poi, a partire da: *O sink hernieder* (O quaggiù scendi...), e forse anche più avanti, ci si imbatte in quella che chiamerei un'*invenzione ideologica*. Infatti, a mio parere, non si tratta di un duetto d'amore, ma piuttosto dell'invenzione di una filosofia, di un progetto per vivere quell'amore in modo puramente mistico. È Tristano a inventare questa filosofia, anche se ciò non appare mai, è lui a convincere Isotta: da qui deriva la lunghezza dell'apprendimento, ed è lei a seguirlo.

Barenboim

Ti riferisci alla filosofia della morte?

Chéreau

Sì, al non voler più vivere. Che è il motore di questa storia. In principio lei è riluttante, poi però lo segue. Le vere discussioni, quelle del Secondo atto, non sono tanto lunghe perché procedono solo a colpi di reticenze, di rifiuti e di tentativi di convincere l'altro. Penso che sia Tristano a convincere Isotta, anche se questo è un punto controverso.

Bisogna quindi prestare molta attenzione, e anche questo rientra nel lavoro preparatorio: appoggiarsi a un concetto valido, a un punto adatto del testo, a una leva adeguata. Se pensiamo che sia Isotta a condurre il Secondo atto, non riusciamo a comprendere, e ci troviamo di fronte a un Tristano che non fa più nulla, che la segue e accondiscende, all'opposto di ciò che lui non smette di dire nel testo. La metafisica, il misticismo del Secondo atto mi sembra siano supportati interamente da Tristano. Dopo il primo richiamo di Brangania, è lui che risponde a Isotta (che gli chiede di prestare attenzione all'avvertimento): *Lass mich sterben!* (Fammi morire!). Ed è lui che fa poi quella bella parafrasi di san Giovanni della Croce:

> *Was stürbe dem Tod,*
> *als was uns stört,*
> *was Tristan wehrt,*
> *Isolde immer zu lieben,*
> *ewig ihr nur zu leben?*
> (Che mai spirerebbe alla morte,
> se non ciò che ci contrasta
> e nega a Tristano
> di amar sempre Isotta
> e di vivere sempre per lei?).

È Tristano che lo dice, non lei.
E con:

> *So stürben wir,*
> *um ungetrennt,*

(Moriremmo così,
per poter, indivisi,)

lei è reticente, resiste, lotta, poi anche lei, con quel magnifico condizionale (*stürben...*) si lascia convincere. La conferma arriva dopo, quando Brangania canta il suo avvertimento per la seconda volta; lui la mette alla prova e le pone la stessa domanda che lei gli ha fatto prima: *Soll ich lauschen?* (Devo udire?), e lei gli risponde ciò che lui ha già risposto prima: *Lass mich sterben!* (Fammi morire!). La lezione è stata recepita. C'è una dialettica fenomenale nel testo.

Ci sarebbe molto da dire su questa valanga di condizionali detti da Tristano:

Welches Todes Streichen
***könnte** je sie weichen?*
***Stünd'** er vor mir,*
der mächt'ge Tod,
wie er mir Leib
und Leben bedroht',
die ich so willig
der Liebe lasse,
*wie **wäre** seinen Streichen*
die Liebe selbst zu erreichen?
(Di quale morte alle percosse
potrebbe mai cedere?
Stesse a me davanti
la possente morte,
come minaccerebbe
il mio corpo e la vita,
che io con gioia
abbandono all'amore,
come alle sue percosse
sarebbe soggetto l'amore?).

E subito dopo:

__Stürb__ ich nun ihr,
der so gern ich sterbe,
wie __könnte__ die Liebe
mit mir sterben,
die ewig lebende
mit mir enden?
Doch, __stürbe__ nie seine Liebe,
wie __stürbe__ dann Tristan
seiner Liebe?
(**Morissi** di quest'amore
di cui felice muoio,
potrebbe mai con me
morire l'amore,
l'eternamente vivo
con me finire?
Ma se mai non **morisse** il suo amore,
Tristano allora come **morirebbe**
del suo amore?).

Il culmine è nel condizionale: *So __stürben__ wir* (Moriremmo così)... Io penso che tutto il significato della scena *sia* in questo condizionale. Ma una tradizione tenace vorrebbe sostituirlo con: *So starben wir* (Così siamo morti), più facile da digerire, ma secondo me falso...*

* In questo passaggio la lettura di Chéreau si basa sulla presenza di due condizionali (*So __stürben__ wir*), quello detto da Tristano e quello ripreso immediatamente dopo da Isotta. Così appare nello spartito per canto e pianoforte edito nel 1914 dalla Peters, a cura di Felix Mottl (cfr. pp. 191 e 192). Questa versione è in polemica con la "tradizione tenace" che ha voluto pubblicare una versione diversa dove, all'intervento di Tristano senza il condizionale (*So starben wir* – Così siamo morti), segue la risposta di Isotta con il condizionale (*So stürben wir* – Moriremmo così). Infatti, è così che appare sia nello spartito pubblicato dalla Breitkopf und Härtel poco dopo la prima del *Tristano* a cura di Hans von Bülow (cfr. p. 150), sia nella partitura d'orchestra nell'Edizione Critica a cura di Isolde Vetter ed Egon Voss, pubblicata dalla Schott Verlag nel 1992 (cfr. pp. 179 e 182), all'in-

Bisogna analizzare correttamente ogni cosa prima di incontrare i cantanti. Io l'ho fatto da due punti di vista differenti: insieme a Clément Hervieu-Léger, che ha condotto una fine analisi sul misticismo, sul mito di Tristano e su Wagner, e insieme a Thierry Niang, con il quale ho ascoltato musica per giorni e giorni. Lui invece sapeva poco su Wagner e mi ha segnalato molti punti da approfondire solo ascoltando la storia, seguendo il testo (parla tedesco), e sentendo la musica (nella tua registrazione): osservazioni semplici, carnali e anche molto libere.

Abbiamo formulato qualche ipotesi: su aspetti non presenti nello spettacolo, ma che nutrono lo spirito dei cantanti e il lavoro della messa in scena, sulle loro esperienze di vita. Potremmo immaginare che Isotta abbia avuto molti uomini, mentre Tristano forse non ha avuto neanche una donna in precedenza? Tristano potrebbe essere addirittura casto?

Questo fa parte delle cose un po' segrete da proporre a un cantante o a un attore, non affinché le mostri sulla scena, ma perché lui stesso possa servirsene, come un passe-partout che apre le porte e trasforma ogni gesto dall'interno.

Un'altra scena complicata da rappresentare – perché non presente nel testo – si trova verso la fine dell'opera, quando Tristano sente arrivare Isotta e dice: *Wie, hör' ich das Licht?* (E che, odo la luce?). Da lì a Thierry e a me è venuta l'idea che nel Terzo atto Tristano stesse diventando progressivamente cieco e che vedesse arrivare Isotta con altri sensi. Queste ipotesi derivano da un'analisi fatta separatamente con ciascuna delle due persone, cioè due analisi incrociate, una sensibile e affettiva che si preoccupa di raggiungere un'identificazione con i personaggi e un'altra più analitica. Tutto questo prima delle prove.

terno delle *Sämtliche Werke* di Wagner a cura di Carl Dalhaus. Nonostante l'autorevolezza delle citate pubblicazioni, la diatriba rimane oggi ancora aperta. [*N.d.C.*].

Si tratta prima di tutto di un lavoro di decodifica, come nella lettura a prima vista di una partitura. Poi ci sono dei problemi che non si riesce a risolvere subito. Per esempio, alla fine del duetto del Secondo atto, prima del grido di Brangania (grido che non esiste nella mia messa in scena), c'è un problema che non avevo visto. Cosa stavano per fare Tristano e Isotta? Cosa avrebbero fatto? Se non fossero stati interrotti, quale corso avrebbero preso le loro vite e le loro riflessioni comuni sull'amore e la morte?

È un aspetto che non avevo individuato perché, di fronte alla lunghezza del duetto, a un certo punto si abbassano le braccia e si dice: "Ci penseremo quando saremo arrivati a quel punto, con i cantanti". Ma poi non sono intervenuto. Ho di nuovo abbassato le braccia e ho desistito. Davanti alla lunghezza del duetto, ho abbandonato la partita.

Un aspetto fondamentale è certamente l'identificazione con il personaggio. Perciò, per ogni scena fatta con Waltraud Meier (Isotta) e Ian Storey (Tristano) in sala prove all'Ansaldo, mi sono rimesso di nuovo al tavolo di lavoro per farli cantare e per far loro ascoltare il testo. L'identificazione degli interpreti con i due personaggi interviene anche nell'analisi e la trasforma. In effetti, siamo riusciti ad analizzare tutto, ma alla fine sono quelle due persone in carne e ossa che cantano, che vivono, che hanno uno spessore umano, e sono loro che devono avere un rapporto, una relazione fisica. Questo cambia comunque gran parte dell'analisi, la sostanzia, la rende concreta, ma nello stesso tempo pone il problema dei duetti d'opera; cosa che immaginavo, ma di cui non ero pienamente consapevole. La lunghezza del Secondo atto è tale che il vocabolario dei gesti finisce per essere limitato, se si vuole evitare che se ne stiano semplicemente l'una nelle braccia dell'altro o si tengano per mano.

È quel che Ian tendeva sempre a fare, anche dopo un mese e mezzo di prove. Appena si sentiva smarrito, stringeva tra le sue le mani di Isotta, anche se non aveva mai cantato in quel ruolo, e io dovevo picchiarlo sulle mani e dirgli: "No, questo è un gesto proibito". Meglio darsi le spalle, è un gesto più dinamico, che concentrarsi invece sull'idea di recitare quel duetto da cartolina.

Poi ci sono altri problemi a cui non si pensa abbastanza, a volte legati alla durata delle scene. Mi ero accorto della lunghezza del Secondo atto, ma non mi ero affatto accorto (mi è capitato in seguito, sul palcoscenico) dell'enorme durata della scena Brangania-Isotta nel Primo atto, una scena a due, che è l'asse principale di questo atto. Si recita la scena bloccati sulla prua angusta di una nave, in uno spazio che non è più largo di un tavolo, e ci si accorge che bisogna restarci per quasi quaranta o cinquanta minuti. C'è quindi un problema di durata. È assolutamente misterioso il tempo in Wagner, il suo modo di farlo scorrere.

L'esperienza del *Ring* mi ha insegnato che, in una scena, si rischia di far muovere i cantanti troppo presto, di trasformare, di modificare troppo presto la situazione e il loro rapporto fisico. Nel giro di otto giorni si scopre infatti che non si è fatta economia, che tutto è stato bruciato (il regista a volte brucia le sue cartucce nei primi dieci minuti della scena), che il vocabolario scenico è già stato esaurito. Allora bisogna ricominciare da capo, rifare gli stessi gesti, che non sono necessariamente falsi, ma devono essere ritardati; in Wagner saranno sempre esauriti troppo presto. Se si pensa che la sequenza dei gesti o delle situazioni – l'allontanarsi, l'avvicinarsi, il toccarsi, le smorfie, i cenni di diniego e così via – all'interno di una scena sia giusta, si scopre purtroppo che tutto capita troppo in fretta e che è meglio prendere la scena più da lontano, non muoversi subito, aspettare e tenersi una riserva per dopo, perché la scena è sempre circa una volta e mezzo più lunga di quello che si immaginava. Perciò, grazie all'analisi, bisogna essere molto preparati, ma in seguito bisogna adattarsi intuitivamente al palcoscenico.

Qui l'analisi ha i suoi limiti. Se però si pensa che l'analisi sia giusta, bisogna trasmetterla e verificarla con i cantanti. Tuttavia non basta dire: "Tu ti metti a sinistra, tu ti metti a destra". Bisogna guadagnarsi la condivisione dei cantanti.

Nel caso della nostra messa in scena, bisogna guadagnarsi la convinzione di due persone radicalmente opposte. Una che ha cantato molto spesso Isotta, Waltraud Meier, e che pensa di sapere, o meglio, ha un'enorme conoscenza e sa moltissimo su quel ruolo. Perciò qualche volta bisogna dirle: "Forse si può pensare a qualche altra cosa", e poi convincerla, perché lei non farà nulla se non è convinta, e convincerla non è facile. Poi c'è il caso completamente opposto: Tristano, cioè Ian Storey, che non ha mai cantato in quel ruolo, conosce poco il personaggio e ha la tendenza a voler procedere in fretta perché vuole immagazzinare (e da ricevere ha molto), per cui tende a dire subito di sì, anche senza concedersi il tempo di comprendere. Il problema del regista, in certi casi, è di far lavorare le persone insieme, accomunare due flussi di pensiero divergenti, due opposte esperienze di vita.

Barenboim

Ho avuto spesso l'occasione di vederti all'opera e sono certo che, nonostante queste difficoltà, hai idee molto precise sul modo di avviare il lavoro con i cantanti.

Chéreau

Mi sono concentrato su due cose. Per primo ho analizzato il testo seduto intorno a un tavolo con Waltraud e Ian. Questa analisi l'avevo già iniziata ad Aix-en-Provence (dove avevo già provato con i due protagonisti prima delle prove a Milano). Poi però ho fatto un'altra cosa che non avevo mai sperimentato prima con i cantanti: ho proposto loro una lunghissima improvvisazione a due, senza una parola, senza una nota musicale, solo per rievocare le emozioni, affinché fossero stimolati dall'idea di ritrovare qualcuno amato alla follia molto tempo prima e al quale non si è mai confessato il proprio amore. Era infatti questa la situazione dei loro personaggi.

L'amore di Tristano non nasce in quest'opera, era nato dieci anni prima e aspettava solo di riemergere. I due cantanti sono riusciti a fare un'improvvisazione sconvolgente: all'inizio si vedevano i loro corpi in stato di calma, in piedi, seduti o sdraiati per terra, liberi dallo sforzo di cantare (a volte il canto impedisce di riflettere), animati solo dal desiderio. È stato formidabile.

Poi ho ripetuto questo lavoro nella nostra sala prove all'Ansaldo. Ho cominciato con la scena cantata al tavolo di lavoro, senza movimenti, solo dedicandosi all'analisi del dialogo e al modo in cui i personaggi si rispondono, si convincono, si contraddicono, in pratica vivono. Ancora una volta non per verificare le mie idee, ma per verificare l'analisi fatta e valutare se fosse corretta. Perché certo ci sono lacune o carenze nell'analisi. Per questo bisogna stimolare le domande e cercare di dare delle risposte, come per esempio su tutta la fine del Secondo atto, che penso di aver poi risolto in modo soddisfacente, ma che può restare enigmatica e richiede una netta risoluzione.

Penso, ancora, alle domande che poneva Waltraud: "Perché nel Terzo atto Tristano è da solo in Bretagna? E lei dov'è?". Due passaggi in cui il libretto non è di alcun aiuto. La caratteristica principale del mio metodo, necessariamente, è di convincere i cantanti. Se non sono convinti, non otterrò mai il loro aiuto.

Barenboim

Convincerli prima di iniziare le prove?

Chéreau

Certo. Offrire loro due o tre idee, farle filtrare nella loro mente, verificare con loro se ne sono tentati e poi convincerli. Senza la loro condivisione, non otterrò nulla sul palcoscenico. Devono essere del tutto convinti del cammino da intraprendere. Penso che questo sia ciò che so fare meglio. Poi i risultati saranno quello che saranno... Tuttavia io so anche convincere e adattare la mia convinzione, pur senza stravolgerla; so adattare la mia analisi alle possibilità di un cantante e a quanto lui stesso può apportare con il proprio istinto. So anche liberarmi della musica, infatti provo a insegnare loro a non muoversi per forza a tempo di musica, a non camminare secondo il ritmo, a non fare gesti cadenzati sulle note.

Nei grandi monologhi o nei dialoghi di Wagner si presentano due problemi, che di fatto si riducono a uno: quando tra due frasi del testo manca la musica, o quando ce n'è troppa. In entrambi i casi bisogna inventare una soluzione. Se c'è troppa musica, si può far muovere il cantante sulla musica, ma con il rischio che tutto diventi solo una lunghissima passeggiata sulle note. Allora bisogna liberarsi: il canto non può liberarsi dal tempo della musica, il corpo invece deve poterlo fare. Su tre misure posso comunque far camminare (per ridare nerbo alla scena): posso far camminare lentamente sulle prime due misure, e sull'ultima molto in fretta, o posso fare un grande spostamento e riprendere all'ultimo momento un ritmo lento, sul tempo del canto che arriva. Altrimenti ti limiti a illustrare la musica. È un lavoro di ogni misura, di ogni istante, di ogni secondo.

Barenboim

Bisogna conoscere esattamente la durata della musica.

Chéreau

Sì, ma l'esperienza dimostra che, tranne qualche eccezione, nelle prove sceniche, quando ci siamo io e i cantanti – senza di te – sono sempre io che conosco meglio la durata. I cantanti hanno a volte una nozione precaria della durata di un interludio. Io, che non conosco la musica, sono costretto a impararla a memoria, a darmi dei punti di riferimento. Loro, che invece la conoscono, a volte non pensano neppure a contare le misure, si lasciano trasportare dalla musica e non tengono neanche il conto preciso del numero di misure a loro disposizione. Non lo sanno, oppure pensano che bisogna essere sempre pronti. Per questo, alcune misure prima – spesso troppo presto – si preparano a ricevere lo stacco dal direttore d'orchestra, come ci si prepara per la comunione: così io perdo secondi preziosi in cui la loro concentrazione viene a mancare, aprendo un buco nel flusso narrativo.

Questa è la prima cosa. Poi, siccome bisogna procedere velocemente con il lavoro, è necessario per così dire attenersi al piano stabilito. Naturalmente anche questo piano può cambiare. Certe volte si ha solo un primo abbozzo che non funziona e non si riesce a realizzare la scena. Bisogna allora cambiare il piano per l'indomani. Si lavora la sera, la notte...

Barenboim

Quando sei al tavolo con gli artisti discuti solo della sfera psicologica dei personaggi o anticipi anche i movimenti, gli spostamenti?

Chéreau

Non anticipo i movimenti, certe volte li ho in mente e mi dico: "Su questo accento farei così...!". Come dicevo prima, c'è un abisso tra il momento in cui si ascolta un cd e il momento in cui si hanno fisicamente i cantanti davanti a sé. Nel disco non sai dove sono le voci, non sai più chi canta.

Io mi occupo dei corpi, di quelle due o tre persone sul palco. Comunque bisogna applicare il piano stabilito. In due ore e mezzo o in tre ore di prove si deve riuscire a fare almeno dieci o venti minuti di una scena, per cercare di disegnarla a grandi linee. Il problema del Secondo atto è che si tratta di un dialogo permanente che si trasforma: inizia in modo fulminante e poi si calma progressivamente. Bisogna rispettare tutti gli stadi fino al momento in cui i protagonisti riescono a costruire una loro teoria, una convinzione comune che, come sappiamo, a volte matura nelle crisi e nel rifiuto dei personaggi. È un lavoro immane, perché verifico sempre la posizione dei corpi sul palcoscenico, il rapporto dei corpi tra loro, l'angolazione dei corpi e delle spalle.

Con Thierry, per esempio, ho pensato subito che la scena del gran duetto del Secondo atto dovesse essere una scena a tre e non a due, che in tre sarebbe stata più intima che in due, meno chiusa, e bastava che qualcuno guardasse, magari senza capire, per far cambiare la natura del duetto. Questo vuol dire che la cantante che interpreta Brangania dovrebbe conoscere il testo degli altri due. Sembrano aspetti marginali, ma i cantanti non conoscono sempre il testo dei loro partner, invece devono interagire.

Quando Isotta attacca Tristano, come nella Seconda scena del Secondo atto, dicendo: "Ecco cosa hai fatto, perché lo hai fatto?"

> *Tristan, – der mich betrog!*
> *War's nicht der Tag,*
> *der aus ihm log,*
> *als er nach Irland*
> *werbend zog,*
> *für Marke mich zu frein,*
> *dem Tod die Treue zu weihn?*
> (Tristano, – che mi tradì!
> Non era il giorno,
> che in lui mentiva,
> quando in Irlanda mosse,
> mediatore di nozze,
> per darmi sposa a Marke,
> per sacrare la leale alla morte?)

e ancora:

War sie nicht dein,
die dich erkor?
Was log der böse
Tag dir vor,
dass, die für dich beschieden,
die Traute du verrietest?
(Non era tua
colei che te scelse?
Come ti sedusse
il maligno giorno,
sì che la fedele,
a te destinata, tradissi?)

siccome la domanda che pone è molto lunga, devo mettere in scena il desiderio di Tristano di rispondere – o al contrario il fatto che non vuole rispondere – ma aspetta il suo turno per farlo e verifica che lei abbia finito per provarci. Lo metto in scena in maniera molto realistica.

Tuttavia questo presuppone che l'altro abbia riferimenti precisi sul testo di Isotta, che io verifichi anche i gesti, il loro modo di ascoltare. Si può ascoltare in mille modi un partner che canta: si può ascoltare tendendo l'orecchio, girando la schiena, o mostrandosi concentrato su quello che si ascolta, oppure ci si può distrarre; si possono fare milioni di cose a cui i cantanti non pensano perché non si servono di tutte queste possibilità. Verificare i gesti, controllare come ci si tocca, con una mano (non due), senza prendersi le mani. È un lavoro minuzioso. Non a caso il giorno della prima si ottengono forse solo i due terzi di quanto richiesto. In genere si perdono alcuni dettagli che erano stati visti nelle prove, ma che spariscono perché le prove d'orchestra sono un grande rullo compressore. Restano solo le idee forti, mentre i dettagli a volte bisogna ricostruirli. È come se si dovesse risollevare l'erba di un prato, e allora si prende un rastrello e la si pettina di nuovo nel senso opposto, e a volte bisogna farlo un filo dopo l'altro. In certi casi, il giorno della prima alcune zone restano ancora schiacciate.

In altre parole, pur cantando bene, nelle posizioni corrette, pur rispettando le posizioni del corpo senza restare mai con la faccia al pubblico, ma sempre leggermente d'angolo per creare tensione, tutto questo non mi basta. Ci sono registi che si accontentano, e quando la messa in scena è fatta, va tutto bene. Per me non è così, io chiedo loro di seguire sempre un'idea dominante, una alla volta, cosa che è facile con Wagner, più complicata con Mozart. Nella scrittura di Wagner c'è un pensiero che percorre l'opera in maniera ossessiva (cioè sviluppa un ragionamento e lo elabora fino alle estreme conseguenze), mirando alla conclusione della scena, alla sua risoluzione. Allora non ci si può limitare a una regia ben fatta né accontentarsi di rispettare le intenzioni. Dev'esserci un pensiero all'interno, e sta a me individuare questo pensiero, proporlo agli interpreti e ripeterlo anche tutte le sere, affinché non lo dimentichino.

Barenboim

Anche nella musica c'è questa sorta di arco. Ho parlato molto di quest'idea della risoluzione musicale. Dove va la musica?

Chéreau

Certo, ma con questa differenza tra te e me, tra il direttore d'orchestra e il regista: tu non hai fatto più prove di me con l'orchestra e i cantanti, ma durante lo spettacolo sei lì. E quest'arco musicale tu lo tieni, sei obbligato a tenerlo, lo incarni e l'hai sulla punta delle dita. Ma io non ci sono, posso provare a fare gesti dalle quinte, ma non sono lì: sono relegato dietro di te, per forza. E quando tu dirigi non posso neppure mettermi a fare grandi gesti dietro le tue spalle. Per evitare questo, posso lavorare davvero solo quando siamo in sala prove, con il pianoforte. Ma, come tutti sanno, quando c'è il pianoforte non c'è la massa orchestrale, quindi manca lo sforzo che i cantanti devono fare per cantare con l'orchestra.

Barenboim

Ma una volta che hai convinto i cantanti e loro hanno accettato la tua concezione dei personaggi, tutto dovrebbe essere più semplice.

Chéreau

Non necessariamente. Diciamo che io ritaglio su misura. Lavoro con il materiale che il cantante mi dà, consciamente o inconsciamente, insomma mi adatto. Per questo i cambiamenti di ruolo mi procurano sofferenza. Quest'inverno rifarò *Tristano* alla Scala con un altro interprete, Robert Gambill. Ian canterà in alcune recite, ma gli interpreti saranno due. Ci sarà poco tempo e dovrò trasferire a Robert le indicazioni che ho già dato a Ian. Avevo impostato questo Tristano sulla massa fisica di Ian, avevo costruito Tristano sul silenzio di Ian, quando è serio e non parla. Lo si vede nello spettacolo, lo si vedrà anche nel dvd: si nota quella massa pensosa e riflessiva che assomiglia tanto a Tristano. Ho fatto certe scelte perché era lui. Lo stesso succede per Waltraud, che interpreta Isotta in quel modo perché è Waltraud. Sono legato mani e piedi alla personalità del cantante. Non si può chiedere al cantante una cosa che non sarà mai in grado di fare e che non approverà. Loro sanno fare molto, molto più di quanto non si creda, ma io sono comunque legato a loro. Se avessi fatto *Tristano e Isotta* con altri due cantanti, la mia realizzazione sarebbe stata diversa. E il significato sarebbe stato senza dubbio in parte differente.

Nel periodo di analisi la questione non è quale sarà in concreto la mia realizzazione. L'importante è scoprire ciò che si racconta nella scena. Certo, io ho comunque due o tre idee.

Per esempio, nel Primo atto di solito si mette la nave nel senso della larghezza, mentre noi l'abbiamo messa in lunghezza. Infatti eravamo convinti, Richard Peduzzi e io, che ci volesse la maggior distanza possibile fra Tristano e Isotta, poiché nella storia la questione è che lui non vuole avvicinarsi. Da ciò sorgono altri problemi, dato che lui è distante per cantare, però è comunque scritto che lei è sulla prua della nave e lui è al timone. È citata la parola *Steuer* (timone). Quindi ci sono almeno venti metri di distanza, e la cosa interessante è che bisogna mandare qualcuno per chiedergli di venire. Bisogna attenersi a questo, anche se poi ci si può regolare in mille modi diversi.

Barenboim

Questa barriera di spazio che separa Isotta e Tristano si sente.

Chéreau

Sì, è necessaria. Isotta manda due persone da Tristano, fino a quando lui stesso arriva.

Barenboim

Per ritornare al tuo metodo, c'è innanzitutto l'analisi del testo e poi la discussione con i cantanti.

Chéreau

La discussione è permanente, dura sino alla fine, anche quando si è sul palcoscenico. Il lavoro non si ferma, il palcoscenico non è la verifica dell'idea. Si va sempre troppo presto sul palcoscenico e poi spesso si resta delusi. Lavoro molto bene in sala prove, mentre sono un po' meno felice quando arrivo sul palcoscenico. Lo faccio perché è necessario, ma sono infelice. Era tutto più bello in sala prove, con il pianoforte, senza gli spettatori. Poi si definiscono le cose, si verifica, non si fanno gaffe, errori. C'è meno rischio, diciamo che tutto è più sotto controllo.

Barenboim

Pensi che con il pubblico e l'orchestra il tuo lavoro sia meno controllabile?

Chéreau

Ci sono meno sorprese, tutto è controllato. Nelle prove con il pianoforte poteva anche esserci qualche sorpresa. Sul palcoscenico, con l'orchestra, nessuno vuole più commettere errori. Una rappresentazione è una cosa viva, ora con le registrazioni lo abbiamo un po' dimenticato. Uno spettacolo d'opera è una rappresentazione dal vivo, in cui c'è il rischio di non riuscire a cantare tutto bene, e in Wagner il rischio è molto alto: una nota può venire più o meno bene, ci può essere una stecca, una dimenticanza. Trovo che il rischio sia anche appassionante.

Il mio metodo è quindi un lavoro permanente. Cerco solo di continuare a perseguire la mia idea, di non pensare mai che sia stata realizzata appieno.

Barenboim

Certe volte però modifichi il lavoro realizzato. Quando torni a casa, ti capita senza dubbio di trovare altre soluzioni non è così?

Chéreau

Sì, però si torna a casa non con le soluzioni, ma con centinaia di domande non risolte. Ci si rende conto che si sta seguendo un'idea e che quest'idea porta in un vicolo cieco. Poi uno dei cantanti, Isotta o Tristano, mi dice: "Ma se faccio così, è in contrasto con quello che gli dirò subito dopo". A volte riesco a essere convincente, ma altre volte bisogna ricominciare da capo, perché c'è un principio – che si può anche dimenticare in teatro, ma che stranamente non si può dimenticare al cinema, non so perché – e questo principio dice che non si può recitare la fine di una scena prima del suo inizio. Cioè gli attori (e in questo gli attori sono esattamente uguali ai cantanti) analizzano l'inizio della scena con gli strumenti di cui dispongono sapendo come va a finire. Al contrario i personaggi non sanno come va a finire la scena. Forse sanno cosa vogliono ottenere, ma anche questo non è sicuro, forse sanno o controllano ciò che vogliono ottenere dalla scena, nient'altro.

Barenboim
Conoscono il testo, ma non la tua idea del testo.

Chéreau
Non è la mia idea. La mia idea è che è stata necessaria tutta la scena per arrivare a quel punto preciso che ne rappresenta la risoluzione. In musica è più complicato, perché tutto è stato composto. Diciamo che cerco di rendere la musica necessaria, cioè di fare in modo che ci conduca in maniera obbligata alla fine di quella scena – fine che è già scritta – e che quindi ci sia un obbligo per i personaggi di terminare la scena e di uscirne trasformati nel modo in cui la musica ce li descrive. La prima scena fra Tristano e Isotta, quando lui finalmente le si avvicina, scorre molto male, con un'iniziale difficoltà di dialogo. Anche se Isotta è troppo altezzosa e se Tristano è troppo chiuso in se stesso, si costruisce comunque un dialogo, ma è un dialogo banale, senza mordente; se invece si calca troppo sull'odio reciproco (che è falso) o su un amore troppo visibile, si cade ugualmente nel falso; bisogna recitare e mettere in scena due persone che non sono sullo stesso ritmo, che si prendono reciprocamente in contropiede, che non riescono a parlarsi, o che non ne hanno voglia, perché è troppo doloroso per lei e anche per lui, solo che lei lo mostra con troppa evidenza e lui non lo mostra affatto. Questo significa anche far esistere Tristano. Infatti, se non si fa attenzione, il personaggio potrebbe diventare inesistente, perché

nel Primo atto lui rifiuta con ostinazione di apparire. La sua unica ammissione sono le primissime parole, la prima battuta, in cui ha un soprassalto e dice: *Was ist? Isolde?* (Che c'è? Isotta?), quando Kurwenal gli parla e poi subito si riprende; musicalmente è composto così, non lascia spazio ai sentimenti. Si potrebbe quindi osservare: "Ecco, è distaccato, è un freddo". Poi diventa difficile andare oltre questo tipo di idee.

Nelle discussioni con te, a Berlino, ho per esempio cercato subito di controbattere, in maniera abbozzata e istintiva, quando mi dicevi che Isotta era arrogante e che Tristano era indeciso. Se lui è indeciso, perché mettere in scena quest'opera? Come si possono dedicare quattro o cinque ore a qualcuno che è indeciso? Lui non è indeciso, tace, e questo è completamente diverso. Tristano è una persona che non mostra i sentimenti. Certo è bloccato, ma ciò non vuol dire che non ne abbia. Lei, invece, li mostra con grande evidenza, e la distanza tra i due è enorme, ma non per questo i sentimenti di lei sono più interessanti di quelli di Tristano, sono solo più visibili. Perciò l'arroganza o l'insolenza che si potrebbero facilmente attribuirle devono essere invece respinte. In lei c'è dolore, un dolore incommensurabile. Se si è consapevoli di questi sentimenti nei protagonisti, si hanno anche gli elementi necessari affinché essi, che si credono in punto di morte, possano all'improvviso dichiararsi il loro amore – che esiste da molto tempo – e soprattutto possano avere le motivazioni per arrivare sino alla fine dell'opera, che avviene comunque cinque ore più tardi...

Bisogna anche fare attenzione (ed è solo una semplice regola di drammaturgia) a non bloccare le possibilità che permetteranno ai personaggi di trasformarsi. A volte, i cantanti, i direttori d'orchestra, gli attori, e anche i registi, tendono a recitare la fine all'inizio, a utilizzare ciò che già sanno sul finale. Gli attori mi dicono sempre: "Sì, ma sai, alla fine della scena lei dice questo...". Io rispondo: "Sì, ma è la fine della scena. Lei non sarebbe capace di dirlo, e neppure di pensarlo all'inizio della scena, altrimenti la scena non serve a niente". Quindi bisogna ritrovare questa necessità. Nelle opere è più difficile, perché tutto sembra scritto a priori: l'intonazione, l'inflessione della voce, le dinamiche, le durate. In teatro le intonazioni e le durate devono essere costruite, si inventano nelle prove, si possono pronunciare le battute in maniera più o meno forte, si può impiegare più o meno tempo. A volte ci sono false interpretazioni della musica contro le quali bisogna battersi. A certi cantanti che, a proposito del *Ring*, mi dicevano: "No, perché in quel punto la partitura è triste", rispondevo: "No, è una musica lenta, dolce, ma non si può dire che sia triste; è certo più complessa, ma non so proprio se sia triste".

Barenboim

Anch'io ne sono convinto. Il contenuto non è mai così determinato.

Chéreau

No, e soprattutto il contenuto psicologico non è determinato. D'altra parte, quando qualcuno parla e qualcuno risponde, le parole sono essenziali. Il gioco delle domande e delle risposte, la dialettica della tenzone oratoria nel Secondo atto è completamente scritta. Ci sono dei *fortissimo*, ci sono degli slanci emotivi a cui bisogna dare un senso: "Forse lui (oppure lei) è in collera, e risponde male? Oppure, al contrario, è la forza della convinzione (come penso io)? Forse è la voglia di convincere, il bisogno di convincere? Forse è l'impazienza di voler convincere?". Allo stesso modo, bisogna mettere in scena e, in un certo senso, giustificare, integrarlo psicologicamente, quel sensibile rallentamento di tutto l'atto che sfocia nella pacificazione del duetto. Dall'ingresso di Tristano, fino al momento in cui entrambi ritrovano la calma, in quei venti minuti circa loro si ri-raccontano tutta la loro storia, la ripercorrono.

Barenboim

È importante non anticipare la fine e seguire tutto il processo.

Chéreau

Devo dire che, a volte, a Wagner stesso può essere capitato di anticiparla, perciò in qualche caso mi tocca andare contro Wagner. Talvolta lui ha anticipato più di quanto mi sarei augurato, talvolta i personaggi ne sanno più di quanto dovrebbero. Ma a mio parere è una questione di gusto, di interpretazione del passaggio. Perciò, a volte io tiro dritto nella mia direzione, e funziona, perché evidentemente mi muovo sempre in accordo con la musica...

Barenboim

Date le circostanze in cui si sono svolte le prove a Milano, hai dovuto lavorare prima con Tristano da solo, quindi hai dovuto cominciare per forza dal Terzo atto. È stato più complesso? Visto quello che hai appena detto, si trattava di cominciare dalla fine.

Chéreau

No, al contrario, abbiamo avuto la possibilità di esplorare fin dall'inizio la profondità dell'anima di Tristano, di cominciare nel momento in cui si rivela tutto di lui, tutto quello che in seguito dovrà essere nascosto, seppellito di nuovo sotto terra, per poter recitare gli altri due atti.

Del resto, nelle prove a Aix-en-Provence avevamo già lavorato sul Primo e sul Secondo atto. In quell'occasione non avevo toccato il Terzo atto, perché sapevo che a Milano avrei cominciato da quello, dato che Waltraud nei primi giorni delle prove non avrebbe potuto esserci. Comunque, per cominciare il Terzo atto andava bene, perché è la parte in cui, finalmente, si sa tutto di Tristano. Ci sono quarantacinque minuti solo con lui.

Barenboim

O con Kurwenal.

Chéreau

Kurwenal non esiste veramente, non ci insegna un granché perché lui non comprende nulla.

Barenboim

Il Primo atto è quasi tutto incentrato su Brangania con Isotta. Il Secondo atto è concentrato su Tristano e Isotta. Mentre il Terzo atto è dedicato a Tristano con Kurwenal. Sono tre centri d'attenzione differenti.

Chéreau

Sì, ma Kurwenal non ha affatto...

Barenboim

...il ruolo di Brangania nel Primo atto?

Chéreau

Alla fine le si avvicina un po' di più, nel senso che alla fine provoca anche lui una catastrofe, scatena un disastro, come lei.

Barenboim

Quando Kurwenal uccide Melot.

Chéreau

Sì, e non si sa bene perché.

Barenboim

Ma lui costruisce quel dialogo sull'arrivo o sulla certezza dell'arrivo di Isotta, che è importante per la risonanza che ha su Tristano.

Chéreau
Sì, ma Tristano ne sa molto più di Kurwenal.

Barenboim
Tristano è sicuro, Kurwenal non lo è.

Chéreau
Sì, Tristano ne sa molto più di Kurwenal. Kurwenal aspetta di vedere la nave. Tristano sa che lei sta per venire: *Isolde kommt! Isolde naht!* (Isotta viene! Isotta giunge!), è scritto. Io lo decodifico non come una sorpresa, ma come un: "Certo che sta per arrivare!". Lui prevede, pre-sente ciò che sta per succedere.

Barenboim
Potresti dire la stessa cosa di Brangania nel Primo atto. Isotta vuole uccidere Tristano, mentre Brangania non ha idea di quella vicenda.

Chéreau
Soprattutto Brangania non ha capito niente. La cosa interessante è che i confidenti o i servi, e questo deriva dalla tragedia antica, sono persone che non vedono, sono cieche e sconvolte. A parte le nutrici che a volte sono utili (Brangania è utile proprio quando tira fuori i veleni, quando dice che ha delle medicine e che può servirsene), nella tragedia classica quasi sempre si tratta di persone che non capiscono niente, che non hanno visto niente, che sono cieche.

Brangania, che da sempre vive con Isotta, era presente in Irlanda quando Isotta non ha ucciso Tristano. Quando ha trovato un frammento della spada di Tristano nella testa di Morold, quando ha curato Tristano, Brangania era presente, ma non ha visto nulla.

Nella *Fedra* di Racine la situazione è quasi la stessa: quando all'improvviso Fedra dice che è innamorata di Ippolito fin dal suo matrimonio con Teseo, Enone cade dalle nuvole, è stupefatta anche se ha trascorso tutte le sue giornate con lei.

Delle due l'una: o le dame di compagnia e le nutrici sono cieche oppure (e magari le alternative sono vere entrambe) donne come Isotta e Fedra sono sì profondamente innamorate, ma riescono a nasconderlo con abilità. Nel corso del dramma, però, si arriva a un punto in cui non si può più nasconderlo. Ci troviamo in una situazione d'urgenza, il problema dev'essere risolto prima che la nave tocchi terra. All'inizio Brangania dice: "Arriveremo prima di questa sera". È l'ultima giornata di viaggio.

Kurwenal è di una devozione totale, anche se non vede nulla. Lui ha ricondotto Tristano in Bretagna, nella terra degli avi, portandolo sulle spalle – dice lui – nel paese di suo padre; bisognava salvarlo, fuggirsene con lui ferito, ma lui non vede altro. Isotta verrà, certo, dice Kurwenal per convincere se stesso, eppure a un certo punto aggiunge qualcosa di terribile:

du sollst sie sehen
hier und heut;
den Trost kann ich dir geben –
ist sie nur selbst noch am leben.
(tu la vedrai
qui e oggi;
questo conforto a te posso dare –
pur che ella stessa sia ancora in vita).

Tristano è animato da una convinzione del tutto differente, lui vede più lontano, vede al di là delle apparenze, è chiaroveggente. Sa che la nave sta per arrivare, anche se Kurwenal non si accorge di niente.

Barenboim

Patrice, sappiamo che sei anche attore. Conosci il mestiere in prima persona. Mentre cerchi di sviluppare la psicologia di un personaggio, durante le prove, è interessante quando tu stesso interpreti, davanti ai cantanti, mostrando loro quello che vorresti vedere.

Chéreau

Sì, a volte lo faccio. Per me è un modo per verificare, è come se recitassi la scena a me stesso e verificassi se l'idea che propongo ha una sua consistenza.

Barenboim

Davanti a loro o da solo?

Chéreau

Solo davanti a loro. Credo di avere una grande consapevolezza della coerenza psicologica, so cioè dove può esservi una contraddizione. Per esempio, capisco perfettamente Tristano, lo capisco in tutti i meandri del Secondo atto, lo comprendo alla perfezione. Mentre la coerenza è qualcosa che i cantanti hanno difficoltà a vedere perché recitano battuta per battuta. Penso di essere il guardiano della coerenza. E per questo mi fido del mio istinto, dentro di me mi pongo sempre la domanda di come io potrei recitare la scena.

Da quando ho cominciato a fare regia d'opera, ho sviluppato un altro tipo di istinto: leggendo il testo o la musica, mi viene subito un'idea, un'ipotesi di messa in scena, un gesto, una motivazione, sia nel seguire la musica stessa e nell'imitarla sia, al contrario, nel non seguirla affatto.

Barenboim

Davanti ai cantanti, tu mostri anche la gestualità.

Chéreau

Propongo e correggo quello che fanno. Loro camminano in un certo modo, io propongo loro l'idea di camminare in un altro modo, di fermarsi, di utilizzare la musica in maniera diversa dal *timing* della musica stessa, sia quando cantano sia quando non cantano. Propongo loro un altro tipo di gestualità, li correggo in continuazione. Oppure spesso propongo idee un po' più specifiche.

Per esempio, se ricordo bene, c'è un gesto che viene rifatto in più momenti, ma che non è indicato nel testo, ed è quando Tristano si inginocchia ai piedi di Isotta, prende il suo mantello e lo bacia. Questo gesto, questa genuflessione, appare in ogni atto; e così lui muore, anche, facendo per un'ultima volta quel gesto. Lo fa tre volte nel Secondo atto, e l'effetto sta nel modo di compierlo. Se c'è un'idea, se si segue appieno l'idea, se si coglie il senso di questo gesto, si riesce a farlo. Ma se lo si fa solo in maniera coreografica, il gesto non ha più alcun senso. Diventa un modo per ringraziare Isotta di esistere, in maniera semplice, come tutti i giorni ringraziamo di esistere la persona che amiamo di più al mondo. Succede anche nel Primo atto, quando Tristano e Isotta aspettano la morte.

Ci sono molti punti criticabili in altri allestimenti cui ho potuto assistere. Per esempio quando Tristano prende il veleno (lui lo sa perfettamente che è veleno; lei lo odia e gli chiede di berlo; in ogni allestimento si sa che è veleno), lui lo beve e Isotta gli dice una cosa interessante (che bisogna prendere molto sul serio):

Betrug auch hier?
Mein die Hälfte!
Verräter!
Ich trink sie dir!
(Inganno anche qui?
Mia è la metà!
Traditore!
Io bevo a te!).

Io ne deduco che lui semplicemente non avesse pensato che lei stava per morire con lui; il veleno era per lui, e questo lo aveva accettato. Solo dopo scopre che lei ne vuole la metà. A questo punto, spesso i cantanti sono soggetti a vari cliché. In genere, non so perché, in teatro il veleno si beve molto rapidamente. Lo si afferra e lo si scola d'un fiato fino all'ultima goccia, genere roulette russa. Al che mi sono detto: "Tristano deve berlo lentamente". Fermo, consapevole di quello che fa. È una decisione soppesata, quella di bere il veleno. Invece Isotta può berlo velocemente, ma c'è il problema che in una coppa, se bevi in fretta, rovesci tutto; perciò puoi farlo presto, ma ci vuole comunque del tempo. C'è anche un altro cliché in certe rappresentazioni: che dopo aver bevuto il veleno, si getta via il bicchiere con violenza. Non so perché, ma tutti i cantanti lo fanno, si beve e si getta. Io ho chiesto loro di posare di nuovo sul tavolo quella coppa che non aveva fatto nulla di male.

La principale difficoltà che volevo risolvere prima di ritornare sul palcoscenico, cioè la scorsa estate (in luglio-agosto sono rimasto rinchiuso con il *Tristano e Isotta*), era questa: "Che cosa farò dei grandi interludi orchestrali?", per esempio dei quattro minuti che intercorrono tra il momento in cui entrambi hanno bevuto il veleno e il momento in cui lei gli dice *Tristano!* e lui le risponde *Isotta!*. Lo stesso capita per l'entrata di Tristano nel Secondo atto, che non è ancora del tutto risolta. L'entrata di Marke è più facile, è azione. Ma per gli altri momenti, che sono parecchi, e sono molto lunghi – tre o quattro minuti – bisogna non tanto risolvere il problema in anticipo, ma avere delle munizioni, delle cartucce. Ci vogliono proposte già pronte per le prove.

Barenboim

In termini di gestualità, di spostamento?

Chéreau

Sì, l'idea che mi è venuta, e che deve durare per un movimento, è che dopo aver bevuto il veleno, semplicemente si siedano e si mettano ad aspettare l'effetto senza guardarsi. In seguito si possono sviluppare altre situazioni, possono cominciare a guardarsi, o anche evitare lo sguardo dell'altro, e scoprire pian piano che il veleno non fa alcun effetto...

Barenboim

Non si guardano. La tensione che hai creato mi sembra fortissima.

Chéreau

Perché dovrebbero guardarsi? Non si sono mai detti quello che stavano per fare. Lui ha bevuto il veleno e la sola cosa che lo ha sorpreso è stato che anche lei lo abbia fatto; quindi lui ha parecchio da riflettere. Guardarsi non li aiuterebbe nella loro riflessione. Se io bevo un veleno e anche tu lo bevi e se io ti guardo in questo modo per tre minuti, non succederà niente. Ho bisogno di stare per conto mio per riflettere sulla situazione. Ecco l'idea, che viene dalla semplice domanda: "Come farei io? Come lo mostrerei io?".

Barenboim

Un'altra domanda, del tutto differente, anche se meno essenziale nel caso di *Tristano*: abbiamo parlato dell'analisi del testo fatta intorno al tavolo insieme ai cantanti, della discussione sulla psicologia dei personaggi, dell'interpretazione. Che fare, invece, con il coro? Il metodo di lavoro deve essere molto diverso, per definizione.

Chéreau

In questo momento sto rileggendo alcuni drammi di Euripide. In tutti i drammi greci (sono loro il modello, lì si trovano i primi cori), la provenienza dei cori è sempre indicata: *Coro delle prigioniere troiane* per *Le Troiane*; lo stesso nel caso di *Ecuba* di Euripide. Nel caso di *Eracle* c'è un coro di anziani della città in attesa davanti al palazzo. Il coro del *Tristano* ha un ruolo semplice, sono i marinai della nave, e quando la nave non c'è più, il coro sparisce; è presente perciò solo nel Primo atto.

La tua reazione quando hai visto il progetto all'Ansaldo è stata giusta. Mi hai detto una cosa interessante, d'istinto, quasi immediata. Io ti ho mostrato la nave, il muro, poi ti ho detto: "Là ci sarà l'equipaggio". Ti avevo anticipato da tempo che il coro sarebbe stato sulla scena. Tu mi hai detto: "Sì, certo, ne fai proprio *une grande opéra*, come è sempre stata". Ma che ora non si ha più la tendenza a fare, per questioni economiche, perché si pensa: "Ci sono solo tre cantanti (o cinque o sei, poco importa), ci sono cinque cantanti importanti e si può fare un'opera da camera", cosa che non è vera sul piano musicale. "Questo è esattamente il contrario," hai continuato, "di quello che si fa per *Aida*, che è un'opera piccola da cui si realizza uno spettacolo gigantesco nelle rappresentazioni". Un giorno ho avuto l'occasione di parlare con Luchino Visconti di *Aida* e lui mi ha detto: "Bisogna vedere le dimensioni del teatro del Cairo". Il teatro d'opera del Cairo, che non esiste più, ma di cui abbiamo le dimensioni, non è molto più grande del Teatro Nuovo di Spoleto, anzi credo che sia perfino più piccolo. E *Aida* era rappresentata lì, l'orchestra non era tanto grande, non c'era il trionfo, le trombe erano dietro le quinte ecc. Quindi l'idea del coro nel *Tristano* veniva dal fatto che ha una sua dimensione nel Primo atto, aggiunta all'osservazione realistica che non esiste nave senza equipaggio; altrimenti si fa il *Vascello fantasma*, che è un'altra opera. Per questo ho sempre pensato che l'equipaggio dovesse esserci.

Barenboim

E il tuo lavoro con l'equipaggio?

Chéreau

Non c'è solo l'equipaggio, ma anche un altro coro che aspetta sulla riva, composto da coloro che poi tirano la nave a terra. La fine è spettacolare in maniera oltraggiosa. Ci sono tutti i componenti del coro maschile della Scala (sulla nave venticinque, ma sessanta in tutto), più la musica di scena nella loggia. Tutto questo è nella partitura. In certe messe in scena, sul palco ci sono i musicisti, gli ottoni, ma non il coro. Il finale del Primo atto è sensazionale. È un grande momento di spettacolo perché, quando arriva la nave, i protagonisti sono l'una nelle braccia dell'altro, e davanti a tutti si dichiarano il loro amore, la loro riconoscenza, cantando a gola spiegata. È un *coup de théâtre*, perciò si è obbligati a una soluzione sensazionale, a differenza di quanto avviene nel Secondo e nel Terzo atto. Si può infatti dire che i finali dei tre atti vadano in diminuendo: il Secondo termina in una specie di suicidio e in un accordo musicale incredibile, il Terzo termina in niente.

Barenboim

C'è un decrescendo.

Chéreau

Certamente sì. Una riduzione dei mezzi musicali, in ogni caso.

Barenboim

Per fare le prove, per guidare il coro, che metodo hai seguito? Sei obbligato a un approccio diverso da quello che utilizzi con i cantanti solisti?

Chéreau

Nei cori del *Tristano* la difficoltà è che i coristi non sono presenti per tutto il tempo e non cantano sempre. Nelle prove non è facile, anzi è anche frustrante perché c'è poca musica da cantare e poca attività di coro. Allora ho ingaggiato degli attori. Con loro, che erano un gruppo formidabile, ho potuto provare, fare scene in dettaglio (guardare Isotta, darle da bere), accomunarli ai cantanti che vivono nella stessa prigione sull'acqua, e infine mescolarli con il coro.

L'altro problema è che sulla nave non ci può essere sempre troppa folla, perché a volte è necessario un ambiente più intimo. E non ho osato richiudere e riaprire la grande porta di ferro in fondo alla nave (lo farò la prossima volta). Avrei potuto chiuderla una volta, la grande porta, così non si sarebbe visto più nessuno. È quello che cercherò di fare, in modo che in certi momenti non ci sia più nessuno sulla nave. Non si può vedere tutti quanti per tutto il tempo. Non è facile determinare il livello di intimità, forse perché si è abituati a una grande intimità nel Primo atto, mentre a noi serve un'assenza di intimità. La crisi di Isotta esplode davanti a tutto l'equipaggio, Wagner scrive che Brangania passa davanti a tutto l'equipaggio per andare da Tristano. Quindi ci sono persone che girano, che guardano, che la osservano. È evidente che bisogna metterle in scena. La difficoltà è trovare il giusto rapporto fra l'intimità e la presenza pubblica. A un certo punto ho fatto apparire i marinai, al momento in cui è scritto nel testo, quando lei dice di aprire le tende: *Luft!* (Aria!). Forse in quel momento ne ho messi anche troppi, è possibile. Ci regoleremo meglio quando riprenderemo l'opera.

2.
La recitazione

La dialettica del Secondo atto. Ambiguità di Tristano. Gestualità dei cantanti e credibilità psicologica. Margine di libertà da una recita all'altra.

Chéreau

Non ho mai messo in scena i simboli, non so cosa siano. Io metto in scena persone, corpi veri; e poi i loro dialoghi, le loro discussioni. Abbiamo colto stimoli dalle scene di rottura, di scoperta, d'intesa, di ritrovamenti, ma anche del cinema (*Scene da un matrimonio* di Bergman, i film di Cassavetes...) e dai nostri ricordi.

La dialettica del Secondo atto, per esempio, è sconcertante. Bisogna identificarsi con le parole, assumere il ruolo dei personaggi e far capire cosa vogliono, come si ascoltano, come si sentono, come discutono, come reagiscono, come si affrontano. In certi momenti Isotta dissente con vigore da Tristano. Poi affrontano la questione chiave su cui nessuno dei due ha una risposta definitiva: perché Tristano abbia convinto Marke – e Marke stesso lo dirà – a sposarsi di nuovo. Tristano gli ha parlato di Isotta, l'ha convinto a prenderla in moglie e lui stesso si è proposto di andare a cercarla. E qui si apre una voragine... Perché nel testo ci sono almeno tre interpretazioni diverse di questo episodio.

Nel Secondo atto lei gli chiede: "Perché sei venuto a cercarmi?". All'inizio si crea una situazione di grande tensione, perché presenta una donna che dice a un uomo: "Io ti volevo ammazzare. Ti ho dato il veleno perché ti volevo ammazzare". Lui le prende la mano e le dice: "Ma nella tua mano ho visto il mio futuro, che è la morte, e mi andava benissimo". In un momento successivo lei gli chiede perché lui abbia deciso così e perché sia andato a cercarla. E lui le risponde con un ragionamento artificioso, complicato, non del tutto convincente. E, ancora dopo, alla fine del Secondo atto, Marke darà una versione ulteriore.

Se perciò ci sono tre versioni della stessa storia, vuol dire che Tristano non è sincero nelle sue dichiarazioni. È probabile che la vera motivazione sia masochista: lui è andato a cercarla per conto di un altro solo per riuscire a vederla di nuovo. Sono dieci anni che non la vede e, per verificare se il loro amore è impossibile, decide di tornare a cercarla.

Il testo teatrale di Paul Claudel *Le partage de midi* è una parafrasi del *Tristano*. Il Primo atto si svolge su una nave, il Secondo in un cimitero cinese (e non in una foresta). Il Terzo atto attribuisce invece al personaggio principale un messaggio che in maniera riduttiva potrebbe voler dire: "Lo volevo perché era impossibile". L'interpretazione di Claudel ci illumina su molti aspetti del *Tristano*: cose vere, cose della vita, della nostra vita.

Non lavoro mai con i simboli, ma cerco sempre di capire che cosa vogliono le persone vere. E, quando cambiano, mi chiedo perché ciò avvenga. Tristano e Isotta partono dai duri rimproveri di lei e arrivano a un linguaggio comune.

E poi la cosa magnifica (anche musicalmente) è che in alcuni momenti i loro slanci paiono quasi sessuali, i loro entusiasmi incontenibili: come avviene dopo aver bevuto il veleno, quando si riconoscono, oppure all'inizio del Secondo atto, quando cantano insieme all'arrivo di Tristano. Però quell'energia, che è sensuale e anche sessuale, si trasforma sempre con rapidità in una discussione di tono completamente diverso sul perché delle cose. L'ambito non è più adolescenziale, come accade, per esempio, nel Primo atto della *Valkiria*. Qui siamo davanti a un evento fra adulti; gente che ha vissuto e che sa, o non sa, cosa sia il rapporto con l'altro e che conclude sperando di poter morire insieme. L'unica energia rimasta a Tristano nel Terzo atto è quella di non morire fino all'arrivo di lei; e ci riesce, ce la fa. Sono cose che accadono veramente nella vita. Quando è stata presa una decisione, si può restare vivi fino all'ultimo momento stabilito. Come qualcuno che stia scrivendo un libro e che, quando l'ha finito, muore.

Un'altra cosa insolita nel Terzo atto è che tutti cercano di richiamare Tristano dal suo delirio, però non c'è la minima allucinazione. Tutti lo credono fuori di sé perché lui continua a dire: "Isotta vive e Isotta arriva".

Ma è proprio quello che alla fine succede. Lei appare, viva, e Tristano dice a tutti: *Wusst' ich's nicht? Sagt' ich's nicht?* (Non lo sapevo? Non lo dicevo?).

Allora perché chiamarla allucinazione? Non lo so. Tristano è una persona che vede prima degli altri, è un veggente.

Barenboim

C'è una differenza profonda fra i nostri mestieri: la musica si fa con il suono, mentre la messa in scena si fa con i gesti e con una riflessione sulla gestualità. Il gesto è l'equivalente del suono, tuttavia non ha leggi fisiche a cui rispondere. Il suono è invece vincolato a leggi fisiche: la durata, il peso.

Chéreau

Anche il gesto ha le sue leggi fisiche, ma non sempre i cantanti le conoscono. Peraltro, neppure gli attori. Il gesto presuppone un lavoro sull'appoggio, sui piedi, sulle gambe, quando si sta eretti. Ian, per esempio – non gli sto muovendo una critica e lui potrà correggersi – non sa stare bene in piedi. Sta sempre sulla stessa gamba, su un piede solo. Gli guardo i piedi e gli dico: "Appoggia i talloni e metti radici, appoggiati al suolo". Ma lui non lo sa fare...

Anche se gli attori studiano come utilizzare il loro corpo, come controllare la gestualità, purtroppo neanche loro hanno sempre una vera tecnica!

3.
I protagonisti del *Tristano* alla Scala

Due interpreti radicalmente diversi: Waltraud Meier e Ian Storey. Il Terzo atto: un tour de force *di Tristano. Tensione fra recitare e cantare. Lo spirito di squadra.*

Chéreau

Ho realizzato *Tristano* con interpreti diametralmente differenti, due cantanti con percorsi professionali diversi. Da una parte Waltraud Meier, che ha partecipato a innumerevoli messe in scena del *Tristano* in diversi paesi; dall'altra Ian Storey, che interpreta questo ruolo immenso per la prima volta.

I due casi, le due situazioni, hanno vantaggi e inconvenienti del tutto peculiari. Per prima cosa, non è detto che i due personaggi si assomiglino. Se si analizza correttamente il testo, si vede che le due personalità sono opposte e hanno un background, un passato, del tutto diverso; anche i loro modi di reagire sono all'opposto. Trovano, è vero, un terreno d'intesa, ma l'intesa profonda tra le due personalità non elimina le differenze, tutt'altro. La vera intesa non è dirsi: "Noi siamo una sola carne". In un certo senso lo dicono, ma le profonde differenze rimangono.

Tutto il lavoro del Primo e del Secondo atto, attraverso lotte e discussioni, è teso a raggiungere un linguaggio comune o un accordo comune; si potrebbe anche dire che è volto a trovare un accordo su un linguaggio o su un'idea ripetuta molte volte in modo differente. Non si tratta solo della morte: è raggiungere la possibilità di non svegliarsi più, il che è ben diverso.

Nella messa in scena, quindi, queste due personalità devono essere costruite, sia in opposizione l'una all'altra sia nella loro vicinanza. La cosa interessante è che i nostri due cantanti erano proprio opposti tra loro, e in maniera stimolante. Credo che in questo siamo stati fortunati.

Waltraud, che pure ha una lunga esperienza nella parte di Isotta, ha conservato la capacità di sorprendersi davanti a un modo lievemente differente di concepire o di analizzare i testi e il suo personaggio. È aperta a tutto. Ha messo a mia disposizione la sua conoscenza dell'opera ma non i preconcetti, né, correttamente, la sua interpretazione. Waltraud ha una conoscenza dell'opera superiore alla mia, come ce l'hai tu Daniel, eppure non ha la presunzione di un'interpretazione già pronta, al contrario. È rimasta aperta alle novità e non si è mai barricata dietro affermazioni del tipo: "Attenzione, mi sembra che a quel punto la musica voglia dire qualche altra cosa!". Quindi per noi lei è stata un complemento di analisi indispensabile, dotata di un'enorme apertura mentale e di una gigantesca capacità di realizzazione scenica; in più, non si è mai posta problemi se doveva stare di fronte (questo sempre...), di profilo, di schiena, in piedi o in ginocchio. Infine, reagiva con rapidità eccezionale alle diverse posizioni che le chiedevo di assumere.

Parecchio tempo fa, per il *Liebestod* (la morte d'amore), Thierry mi aveva suggerito di guardare un passaggio del film *Lezioni di piano* di Jane Campion, la scena in cui Holly Hunter cade e si accascia per terra, quando le tagliano un dito con un colpo d'ascia. Non ero riuscito a guardarlo per mancanza di tempo. Però Waltraud e io continuavamo a essere insoddisfatti della scena finale. Qualche giorno dopo, per la seconda rappresentazione, sono riuscito a guardare quel passaggio del film. La protagonista crolla al suolo con grande suggestione. Il giorno della seconda o della terza rappresentazione, ho detto a Waltraud: "Per piacere, vieni cinque minuti prima, perché ti voglio far vedere un dvd". Lei ha guardato quella caduta, semplicemente. Poi l'ha fatta anche lei, nel *Liebestod*, cambiando la scena, e perdendo anche con eleganza l'equilibrio prima delle ultime due parole. Si è rialzata in ginocchio e poi è ricaduta con dolcezza, molto lentamente. È riuscita a rendere quel finale di scena in modo del tutto differente rispetto a quello che aveva sempre fatto.

Ecco! Waltraud ha una capacità di reazione di una rapidità formidabile.

Le darò ancora qualche suggerimento sul Primo atto, e sono convinto che forse riuscirà a modificarne l'atmosfera emotiva. Perché prima di ogni rappresentazione è desiderosa che io le dia qualche cenno. Lei fa parte di quelle attrici – ed è una vera attrice – avide di nuove proposte. Io le parlo e le sue reazioni possono essere immediate.

All'opposto, Storey è di una placidità stupefacente, lui è...

Barenboim

Imperturbabile.

Chéreau

Sì. Qualcun altro avrebbe potuto perdere la testa o si sarebbe impressionato pensando: "Caspita! Sono stato scelto per fare Tristano da Daniel Barenboim, che mi affida a Patrice Chéreau e mi fa cantare Tristano alla Scala per la prima volta nella mia vita".

Ebbene, lui ha imparato la parte in condizioni di grande lusso. Poi è arrivato alle prove, ed era pronto. Era pronto sui primi due atti in luglio e alla fine era preparato anche sul Terzo, quando abbiamo cominciato a lavorarci, il 15 ottobre. La sua preparazione musicale era ottima, grazie a James Vaughan, il Primo Maestro Sostituto della Scala, e grazie anche al suo impegno.

Ian è molto preciso sul piano musicale e, in più, aveva molto lavorato. Qualcun altro avrebbe potuto dire: "Questo non posso farlo!". Perché, come avevo anticipato, ho cominciato dal Terzo atto e ho posto degli obiettivi molto in alto. Credo sia stata una buona soluzione iniziare dal Terzo atto, così lui non ha dovuto confrontarsi subito con lei.

Forse c'è stato un effetto di intimidazione, poi svanito, ma che prima aveva un senso reale dato che lei aveva una vasta esperienza su quest'opera, mentre lui invece non l'aveva mai cantata. Una cosa è cantare l'intera opera da solo, al pianoforte, con James; un'altra è cantare scoprendo che c'è una seconda voce, accanto alla propria, nelle proprie orecchie, per i duetti. Questo in principio lo ha gelato, ma è normale.

Mi ha dimostrato grande disponibilità e si è molto responsabilizzato sul problema del Terzo atto, dove non bisogna solo cantare, ma costruire un personaggio che ritorna progressivamente alla vita: un veggente, un visionario, che sa di dover destinare le energie rimanenti solo ad aspettare e a mantenersi vivo fino all'arrivo di lei. E poi c'è quel lungo racconto fatto dal corno inglese, che evoca i ricordi e lo riporta all'infanzia, dandogli alla fine le chiavi del suo dolore, profondo e immutabile, che non lo lascerà, che non cambierà mai.

Ian è stato un interprete molto attento a questo e pronto a realizzarlo. Penso che sul piano scenico la sua interpretazione migliore sia proprio nel Terzo atto, almeno dal mio punto di vista. Comunque, la tensione che si sviluppa tra chi ha già fatto quest'opera molte volte e chi non l'ha mai fatta è stata sempre fruttuosa, sempre feconda.

Barenboim

Mentre lei avrebbe potuto trincerarsi dietro le sue precedenti esperienze.

Chéreau

E lui avrebbe potuto anche dirmi: "Aspetta, prima provo a cantare, poi vedremo se posso fare tutto". René Kollo, dopo tutte le prove di *Siegfried* fatte insieme a Bayreuth, il giorno della Prima mi ha detto, scherzando, ma solo in parte: "Sono stato molto contento di lavorare con te, ma scusami, adesso devo cantare". Questo un'ora prima dell'inizio. Anche Waltraud avrebbe potuto dirmelo, ma non l'ha fatto.

L'altra cosa che non si può prevedere, ma che è capitata e non bisogna mai dimenticare, è che in una messa in scena c'è sempre una parte affidata al caso. C'era la possibilità che loro non si intendessero. Storey continuava a essere intimidito da Waltraud, e lei continuava a dire: "Ne ho visti passare tanti, di Tristano...". In realtà penso che lei si trovasse a suo agio con lui, e ora lui ha piena fiducia in lei. Credo che lei lo abbia molto aiutato.

Quale insegnamento possiamo trarre da tutto ciò?

Sono convinto dell'importanza del caso e anche del fatto che gli eventi alla fine si combinino in un modo che non possiamo prevedere. Qualcosa avrebbe potuto non funzionare. Anche se raramente, mi sono capitati cantanti – sia uomini che donne – che mi hanno avvelenato la vita con i loro rifiuti, non tanto della mia regia, ma delle piccole novità. Può succedere, tuttavia è raro che avvenga con Wagner. Si presuppone infatti che nelle opere di Wagner si debba riflettere sulle parole che si dicono. Cosa che non capita sempre con le altre opere.

Barenboim

Si può dire la stessa cosa anche per *Lulu* e *Wozzeck.*

Chéreau

Sì, per tutte le opere successive a Wagner, ma non per le precedenti. Ci possono essere cantanti che interpretano Mozart e che purtroppo non si pongono domande sul testo, neppure in quei punti dove la sapienza drammaturgica di Mozart è evidente. E Mozart è abile soprattutto nella messa in scena degli insiemi, incredibilmente ricchi di invenzioni. L'ho imparato grazie a te, quando abbiamo fatto il *Don Giovanni*. Gli insiemi sono sempre molto inventivi dal punto di vista drammatico, e i finali d'atto sempre magistrali. Tuttavia negli insiemi, a volte, si forza la volontà dei cantanti: partecipano, senza esserne però pienamente consapevoli. Eppure è proprio là che si crea il senso dell'opera. In Wagner è più difficile, secondo me.

Barenboim

Non voglio togliere alcun merito a Ian, e certo neanche a te, ma durante le prove noi due eravamo insieme. Sulla scena e nella musica perseguivamo lo stesso obiettivo. E questo è di grande aiuto. Perché quando la messa in scena e la musica restano due mondi separati, per i cantanti tutto diventa dieci volte più difficile. I cantanti devono veramente sentire che c'è uno spettacolo da montare fatto di musica e di messa in scena. E che tutte le persone coinvolte tendono allo stesso obiettivo. Questo aiuta ed evita frizioni.

Chéreau

Sì, ma è un accordo che può anche non essere raggiunto. Da un certo momento in poi, si è sviluppato lo spirito di squadra. Ed è stato un bene, perché non sempre ci riesco.

Barenboim

A volte i cantanti con cui lavori sono anche bravi attori, sanno muoversi sulla scena e sanno esprimersi con il corpo, come Waltraud. Tu dai vita ai movimenti scenici dei personaggi: come si muovono, si girano ecc. Quanta libertà sei disposto a lasciare agli interpreti da uno spettacolo all'altro, non per cambiare, ma per esprimere in maniera diversa quei movimenti scenici? Sul piano musicale, è evidente che stabiliamo quello che bisogna fare, eppure ai musicisti lascio molta libertà. Si definisce l'indirizzo, la velocità, la dinamica, però ogni volta, in ogni spettacolo, le realizzazioni sono differenti, sono vive, mutabili.

Poiché tu sei molto rigoroso in tutto quello che fai, quanta libertà sei pronto a dare ai cantanti?

Chéreau

Innanzitutto nelle prove lascio libertà, però loro devono sapersela prendere. Se Waltraud mi dice "Questo spostamento non bisogna farlo adesso, credo sia meglio sull'altra battuta", e mi accorgo che la proposta è logica, cambio il movimento. Lei conosce meglio di me la lunghezza, la durata dell'opera e sa che bisogna risparmiare i movimenti. I movimenti si fanno sempre troppo presto. Quindi ben vengano le proposte. Perciò, se la vogliono, la libertà è totale.

Barenboim

Io mi riferivo alle repliche, da uno spettacolo all'altro. Quando hai fatto tutte le prove e sei arrivato alla Prima, è chiaro che certe scene sono blindate. Si è deciso di fare in un certo modo, ed è così che si deve fare. Però ogni spettacolo è una nuova esperienza.

Chéreau

Allora ti riferisci a un'esperienza che non abbiamo ancora fatto.

Barenboim

No, voglio dire in generale.

Chéreau

Stasera potremo avere un abbozzo di risposta, perché alla Prima, rispetto alla Generale, abbiamo avuto una sovrabbondanza di concentrazione da parte di tutti. Con la Seconda ho notato un deficit di concentrazione rispetto alla Prima. Tutto si è indebolito, compresa Waltraud, tutto si è un po' sbiadito, niente raggiungeva l'obiettivo fissato. Adesso, alla Terza, stasera, nove giorni dopo, mi aspetto di vedere le correzioni. Vedremo quello che è rimasto e se l'impalcatura della messa in scena tiene e resta solida.

L'esperienza mi dice che le libertà prese dai cantanti in un primo tempo non sono tanto interessanti. Vorrei che lo fossero, purtroppo non sempre è così. Si tratta di imprecisioni più che di libertà: la libertà può venire solo dopo aver superato l'imprecisione, e questa forse è obbligatoria. Poi si può ritornare sulle decisioni, di solito capita durante una ripresa.

Nella mia messa in scena si lavora anche su particolari curiosi. Per esempio ho impiegato settimane – e secondo me non se ne può fare a meno – per la scena in cui Ian/Tristano si alza, tende la mano verso Isotta e le dice (riassumo per brevità): *So stürben wir um ungetrennt.* Ci ho messo settimane per far sì che non si alzassero sul ritmo della musica, raccomandando di seguire la lentezza del suono solo dopo essersi alzati rapidamente, e all'ultimo momento. Le mie regie sono fatte anche di questo. Si canta lentamente:

> *So stürben wir*
> *um ungetrennt,*
> *ewig einig*
> (Moriremmo così
> per poter, indivisi,
> congiunti eternamente),

ma non si deve seguire per forza la musica che precede, dove c'è un interludio di alcune misure. Ai cantanti dico sempre: "Dovete immaginare che sia troppo tardi, che siete in ritardo, e solo quando siete sulla nota potete prendere il tempo della musica". Tutto qui. Perciò si tratta di piccole cose, di piccole cose che possono sgretolarsi.

D'altra parte bisogna fare dei movimenti obbligati, diciamo come nel *dressage* dei cavalli. Non voglio dire niente di offensivo. I cavalli addestrati si ricordano di tutte le figure, della successione delle figure una dopo l'altra, ma ogni volta tendono a farle un po' prima, un po' troppo presto.

Ora farò un esempio, senza nessuna malevolenza nei confronti di Ian. Prima di *O sink hernieder* (O quaggiù scendi), l'orchestra esegue degli accordi suonati con arpeggi. Li utilizzo come segnale per Isotta: deve fermarsi, opporre resistenza, non andare dove lui vorrebbe condurla. Siccome Ian sa di quegli accordi, ha la tendenza a fermarsi anche lui nello stesso momento. Tuttavia lui non deve seguire la musica. Succede, però, che anche lui prenda come riferimento lo stesso punto e, invece di reagire al fatto che lei si tira indietro e fa resistenza, si muove nello stesso modo. Il gesto così non è più comprensibile. Quando si tira qualcuno per la mano, la persona si arresta e va indietro. Poi si gira come per dire: "Perché non vuoi venire dove ti conduco?". E lei risponde riprendendo a camminare. Ma se questo lo si fa insieme, non ha più senso.

Nella messa in scena, è reale il rischio che tutto si sgretoli inesorabilmente, poco per volta. Questo per dire che non è ancora tempo per certe libertà. Preferisco la costrizione di dover ripetere ancora e ancora ai cantanti quali sono le intenzioni, così che al momento se ne ricordino, piuttosto che concedere una libertà che porterebbe solo una maggiore inconsistenza.

Barenboim

Capisco. Ma la mia domanda non si riferiva strettamente a quest'opera o a questa messa in scena. Facciamo l'esempio di un'opera che va in scena alle otto di sera di un martedì. Quando la si riprende il venerdì o la settimana successiva, il momento è differente, perché differente è la tensione di ogni interprete. Si tratta infatti della relazione tra il lavoro preliminare con cui tu stesso ti sei preparato per la messa in scena, più il lavoro che hai fatto durante le prove e il momento finale dello spettacolo, dove tutto deve apparire come la cosa più naturale del mondo.

Musicalmente, per esempio, ci sono questioni fissate al duecento per cento; parlo dei cantanti, ma anche dell'orchestra. Oppure gli accenti, che devono essere in un certo posto e non in un altro. L'accento è nella terza misura e non può cadere nella quarta. A un certo momento dello spettacolo non posso mettere l'accento nella quarta misura solo perché ne ho voglia. Ci sono aspetti che richiedono un rigore totale e, nello stesso tempo, una certa libertà. Perché, ogni volta che cominci un pezzo musicale e lasci che il primo suono si produca, i musicisti sono in buona parte in balìa del proprio destino che tu non puoi guidare e che si manifesta liberamente. Per questo qualcuno ha detto una frase che io cito spesso e che è abbastanza tragica: "Le prove servono per avere duecento modi di dire no, con la speranza di poter dire sì una volta". E questo "sì" è differente da concerto a concerto!

È anche la ragione per cui mi chiedo fino a che punto nel tuo lavoro di regia possa esistere un parallelo con tutto ciò.

Chéreau

Il parallelo c'è e non c'è. Per il semplice motivo che tu dirigi le prove e le rappresentazioni, mentre io non posso mai dirigere gli interpreti durante la rappresentazione. Posso farlo solo durante le prove. Durante lo spettacolo, tutto è solo nelle tue mani. Anche se facessi ampi gesti dalle quinte, non cambierebbe nulla. Perciò non esiste un vero parallelismo.

In più, bisogna essere molto abili per riuscire a prendersi qualche libertà. Solo Waltraud può riuscirci, perché lei conosce perfettamente l'opera. E quindi è attenta a tutto. Lei conosce dodici o venti modi di interpretare questa musica, pur restando completamente fedele al testo.

DRAMMATURGIA

1.
Rapporto fra parola e musica

Ancora sulla durata delle scene. L'orchestra prepara le atmosfere. Il giusto atteggiamento registico di fronte alla musica descrittiva.

Chéreau

Si ritiene che in Wagner la questione chiave sia la durata. Nelle prove si può fare una scena in un certo momento, se mentalmente si sa con certezza dove essa si colloca all'interno dell'atto, che cosa cambia, come trasforma la durata dell'atto stesso, e se si riesce a immaginare, ad avere davanti agli occhi, non un dettaglio, ma la totalità di un atto.

Per esempio, quando ho fatto il *Ring*, dicevo sempre che la mia forza – e non è stata poca, perché ho fatto il *Ring* in due mesi e mezzo, tutto di seguito – stava nel riuscire a fare tutto un atto come da una visione aerea. Poi, se avevo tempo, scendevo nei dettagli, ma solo se avevo tempo. Prima bisognava innanzitutto avere la visione d'insieme. La struttura stessa degli atti di Wagner costituisce per me un problema ossessivo, perché temo di non raggiungere la sensazione di globalità. Nelle prove la durata fa scoprire, all'improvviso, che un certo aspetto è un dettaglio inutile e che in Wagner, in generale, si fa tutto sempre troppo presto.

Barenboim

Anche musicalmente. In Wagner ci sono i *crescendo*, le *Steigerungen*, l'intensificazione; e si tende sempre a fare tutto questo troppo presto e troppo in fretta.

Chéreau

E poi si tocca il fondo. Nel caso della regia, per esempio, scopro che sono rimasti dieci minuti buoni di musica e non me ne ero accorto. Ancora oggi sto cercando di mettere insieme il risultato dell'analisi fatta in precedenza, per quasi un anno, con il lavoro durante le prove; sono due cose diverse e non sempre si combinano tra loro.

Tristano può essere un buon esempio da prendere, tanto è complesso e immenso. La sua complessità obbliga all'analisi: come sono stati articolati i testi e la musica, come sono state scelte, in maniera consapevole, le parole. Più che in altri compositori, molto di più, cento volte di più.

In Wagner c'è una drammaturgia. Già solo nel testo c'è una drammaturgia, un pensiero sul teatro. Un'idea di come costruire una storia, una filosofia (proprio in *Tristano*). C'è un approfondimento su ogni aspetto, e anche questa è una delle novità di Wagner. Dopo è venuto Strauss, che ha scelto ottimi librettisti come Hofmannsthal e Stefan Zweig; o Berg, che ha scelto Wedekind o Büchner. Prima, il lavoro di librettista era un altro.

Barenboim

Salvo Da Ponte.

Chéreau

In parte, ma non allo stesso livello di Wagner. Tanto più che Wagner ha scritto da solo i suoi libretti. Quindi, nello scrivere, mirava a una prosodia, a una determinata linea musicale.

Difenderò sempre i testi di Wagner, perché su di essi ci si può appoggiare. In altre parole, possono essere oscuri, ma mai deboli. Sono come un buon mobile, di cui si può dire che se mi ci siedo sopra, non si rompe. E la musica è saldamente connessa alle parole.

Barenboim

Per esempio, nel Secondo atto, dopo la prima scena tra Brangania e Isotta, la musica non accenna all'arrivo di Tristano. In seguito, quando Tristano e Isotta continuano a parlarsi, non c'è una preparazione musicale che introduca al canto, è come un recitativo. Se prendi un'altra opera, l'introduzione anticipa con una melodia non solo il tema, ma addirittura lo stato psicologico del personaggio e lo rappresenta prima che questi apra bocca per cantare. Nel *Tristano* l'introduzione del personaggio avviene sempre con una fusione unitaria tra parole e musica, fin dall'inizio.

Il solo momento in cui c'è una preparazione, nel Secondo atto, è quando Tristano e Isotta cantano *O sink hernieder* (O quaggiù scendi). Mi sembra molto interessante: la musica tra la Prima e la Seconda scena è palesemente descrittiva, è una musica da film, nel miglior senso della parola, preparatoria. Senti che qualcuno sta per arrivare. È come nei film di Hitchcock. Appena Tristano arriva dice *Isotta*, e lei dice *Tristano*. Insieme dicono *Geliebter* (Amato) e poi la musica continua come descrizione del loro stato d'animo. Quando riprendono a cantare, dopo *Bist du mein? Hab ich dich wieder?* (Sei mia? Sei con me ancora?), la preparazione non c'è più. Quindi una frase segue l'altra, con estrema velocità e senza lasciare alla musica il tempo di partecipare, se non sulle note su cui lei canta. Nel Secondo atto praticamente non ci sono misure vuote, senza testo.

Chéreau

Fino a *O sink hernieder* (O quaggiù scendi).

Barenboim

E allora, all'improvviso, tutto si calma.

C'è un momento di transizione, di preparazione, prima di *O sink hernieder*. Una volta trovata la collocazione e la giusta tonalità – la bemolle maggiore – c'è una specie di introduzione di otto misure fatta dall'orchestra prima che loro comincino a cantare. È l'unico momento. Fino ad allora non ce n'erano stati altri. Si ha una simultaneità tra musica e testo, cosa inusuale in Wagner. Nella sua musica non capita spesso: di solito si sente che l'orchestra ha preparato l'ingresso e lo stato emotivo dei personaggi. Ma non nel Secondo atto di *Tristano*.

Chéreau

Non sono sicuro che sia così insolito. Credo che Wagner faccia una precisa discriminazione tra i momenti in cui la musica anticipa e quelli in cui dialoga battuta su battuta.

A volte ci sono personaggi che ritornano e allora si ha un momento di narrazione. Per esempio, l'arrivo di un personaggio costituisce un modo per avviare un racconto – c'è sia nel *Ring* sia nel *Tristano* – o solo per riferire, per descrivere un evento passato.

Barenboim

In Wagner, attraverso i mezzi sonori, si ha una descrizione degli oggetti (la natura, il fiume o la foresta), degli avvenimenti e dei personaggi (la descrizione di uno stato d'animo). Sono tre mezzi differenti, che lui utilizza a fondo, in maniera mirata. Credo ci siano momenti in cui la musica è l'espressione più intima, più profonda dei sentimenti. Ma ci sono anche momenti in cui la musica è puramente descrittiva.

Chéreau

In quei momenti il compito del regista non è affatto semplice. Bisogna seguire la musica o, al contrario, servirsene in altro modo? È una scelta difficile. Si può provare a seguire, ma non ho una precisa teoria al riguardo. A volte seguo la musica, altre volte, invece, cerco di utilizzare in maniera diversa i brani puramente descrittivi. A volte si può imitare la musica, come nelle coreografie. Altre volte si riesce a dare impulsi ai personaggi nell'azione.

2.
Il libretto del *Tristano*

Accordo fra testo e musica. Lo sviluppo permanente. Conoscenza e dinamica fra i diversi personaggi. Rapporto fra consonanti, vocali e accenti.

Barenboim

Patrice, secondo te, perché i testi di Wagner in generale, e quello del *Tristano* in particolare, sono spesso criticati come se non fossero di livello elevato?

Chéreau

Le idee sono di alto livello, ma non sempre lo sono le parole usate. Comunque credo che il testo del *Tristano*, rispetto a quello del *Ring*, sia più profondo e scritto anche con parole più semplici. Wagner stesso ha prestato il fianco alle critiche e ha sfiorato il ridicolo volendo imitare la poesia tedesca del Medioevo, con un accumulo di allitterazioni e una scelta lessicale decisamente eccessiva. Mette insieme le parole e ne fa una sorta di ornamento o di pasticcio.

Durante il *Ring* ho avuto la fortuna di leggere la traduzione con il testo a fronte, dato che non sono di madrelingua tedesca. Penso che addentrarsi in un testo di Wagner, e non solo in quello del *Ring*, sia più difficile per un tedesco che per un francese. Ho infatti avuto la fortuna di non cogliere il ridicolo immediato e la superficialità letteraria. D'altra parte, Wagner sa anche costruire un testo in maniera solida, sa realizzare un dialogo, fino ad arrivare alle sofisticazioni estreme del dialogo nel Secondo atto del *Tristano*, che non sono sicuro di aver compreso appieno, ma che presenta una dialettica affascinante. E allora, se si supera una certa enfasi o, a volte, una notevole ampollosità verbale, si scoprono idee che sono sempre di un interesse profondo. Ecco, questa è la differenza.

Le parole a volte prestano il fianco alla critica, ma le idee e l'organizzazione delle scene sono sempre forti. Wagner ha letto le tragedie greche e anche Shakespeare. Le scene tra re Lear e Cordelia si ritrovano nelle scene del Secondo e del Terzo atto della *Valkiria*, tra Wotan e Brunilde. Wagner è andato ad attingere alle fonti migliori, le ha intese e comprese.

Per questo ritengo che nelle sue opere si trovino alcuni dei migliori testi di teatro che io abbia messo in scena. In Wagner si riesce sempre a far dialogare persone vere, a farle discutere e a farle agire sul palco. In qualche caso si tratta di un esercizio complesso, perché qualche scena a due può durare fino a quaranta minuti, come nel *Tristano*. Fra l'altro, apprezzo le scene di quel tipo. Mi piace questo tipo di difficoltà, di sfide. In ogni caso, grazie alla costruzione del testo e alla progressione delle idee, si è comunque supportati, perché le scene hanno una loro finalità, una loro risoluzione.

Proprio l'opposto della classica aria d'opera, che a priori non risolve mai niente. Nelle opere precedenti a Wagner, la risoluzione delle situazioni drammatiche era nel recitativo, mentre l'aria fissava e articolava una situazione psicologica.

In generale, però, l'aria arresta l'azione teatrale, salvo qualche astuzia particolare, come il *recitativo accompagnato*, che a volte precede e conduce all'aria, pur facendo parte dell'azione: si tratta di un'azione che poi si immobilizza nell'aria.

Barenboim

Nel *Tristano* non c'è quasi mai un'aria, salvo alla fine, nella *Verklärung* (trasfigurazione) con Isotta. Ma durante l'opera c'è uno sviluppo permanente della linea vocale. Che senso ha questa scelta dal punto di vista dell'azione teatrale?

Chéreau

Nell'ultimo atto, i due grandi pezzi di Isotta che non so come chiamare, il primo quando lei arriva e poi il *Liebestod* (la morte d'amore) alla fine dell'opera, costituiscono un insieme dialettico formidabile, perché l'uno è il contrario dell'altro. Quando lei sopraggiunge e si getta su Tristano che sta per morire, il suo canto ha ancora il carattere della protesta, della discussione serrata, mentre rievoca il passato tra biasimi e rimproveri, come all'inizio del Secondo atto.

Isotta si trova in un certo senso un passo indietro rispetto al cammino che ha compiuto con Tristano. È una persona che reclama, che ci ricorda l'Isotta del Primo atto: vuole che lui non muoia, vuole possederlo, tenerlo stretto a sé. E di solito nelle altre rappresentazioni lei sviene, ma non nella mia messa in scena. Al contrario, nel *Liebestod* alla fine dell'opera Isotta si stacca, è esattamente nella posizione opposta alla precedente.

Quindi non dico che sia facile da mettere in scena, ma è una situazione su cui si può costruire: mostrare qualcuno che ha una reazione deplorevole – ma normale, quella che avrebbero avuto tutti – e che arretra nel percorso che stava facendo, ma che dopo il vuoto – per così dire – dello svenimento si rimette in cammino e si ritrova oltre lo stadio di riflessione raggiunto in precedenza, insieme a lui.

Di grande interesse nell'analisi del testo è sapere chi è in anticipo su chi. In teatro è sempre una domanda utile da porsi. Chi è in anticipo su chi? Chi ne sa più dell'altro? O chi ha un'intuizione più rapida dell'altro? A volte le risposte non sono scontate, bensì istruttive.

Le sole persone a cui si possano porre queste domande sono Tristano e Isotta. Gli altri personaggi non capiscono che cosa succede veramente. Per esempio, Brangania e Kurwenal restano del tutto estranei. Non sanno nulla. Perciò le domande "Chi è in anticipo su chi? Chi ne sa più dell'altro?" possono essere poste in maniera diretta solo a Tristano o a Isotta. Ma Isotta s'inganna e Tristano tace.

Barenboim

Nel testo di Wagner, un problema in più per i cantanti è che la lingua tedesca offre un'enorme libertà di scelta, che spesso loro stessi non sanno prendersi. È la libertà della relazione tra le consonanti e le vocali, una relazione molto più complessa rispetto a quella che si ha con l'italiano, il francese o perfino il russo. Spesso in tedesco le consonanti sono più pesanti di quelle di altre lingue. È evidente che, per avere una concordanza con la musica, il cantante deve sbarazzarsi – per così dire – delle consonanti prima della vocale, affinché il suono possa cadere sulla verticale della vocale. Ma non è un accento. L'arrivo, il *placing*, la collocazione della nota deve essere sulla vocale.

Ci sono tutte quelle "sch", tutte quelle consonanti, a volte anche tre o quattro. Per esempio *Schwert* (spada). Io devo mettere l'accordo dell'orchestra sulla "e", non su "sch", altrimenti non c'è concordanza con il canto. Il cantante ha la libertà di scegliere con che velocità pronunciare lo "sch", il "we" e con quale relazione dinamica. Per esempio, per una giusta esecuzione, quando c'è scritto un *subito piano*, le consonanti non devono essere *piano*, altrimenti non avremmo il *subito piano*. I cantanti devono riuscire a fare le consonanti *forte* e l'arrivo sulla vocale *piano*. E tutto questo non è scritto: è una grande libertà di cui dispongono i cantanti, ma pochissimi tra loro sanno veramente utilizzarla. Era la grande arte di Fischer-Diskau. Non è solo un problema per gli stranieri che cantano in tedesco, ma anche per i tedeschi stessi, perché non ci pensano. Per loro parlare è del tutto naturale e dimenticano che non si può cantare come si parla, bisogna cantare come quando si scrive. Su questo il direttore d'orchestra, il cantante e il regista devono fare un grande lavoro, anche prima di cominciare a discutere sul significato delle parole (o forse allo stesso tempo).

Quando si dice che un cantante non sa cosa canta, bisogna considerare due questioni: la comprensione del significato del testo, ma anche la *Zusammenstellung*, cioè come mettere insieme il suono di una sillaba con il suono della musica. Il suono della sillaba è ciò che comincia prima della musica.

Certo, in tedesco è molto più complesso che in altre lingue. La parola *spada* in francese si dice *épée*, in inglese *sword*. Ma quando in tedesco dici *Schwert*, puoi scegliere di pronunciare *Schwert* o piuttosto *Schschschwert*. Quando canti puoi fare come vuoi, purché tu sappia controllare la voce in maniera sufficiente da arrivare alla vocale in modo che sia ben sorretta. Waltraud lo fa a meraviglia.

Chéreau

Anche Matti Salminen (re Marke) è formidabile in questo. Lo è sempre stato. La sua dizione è un modello, e le sue consonanti finali... Lui ha sempre colto alla perfezione l'importanza di articolare ogni parola.

È poi è grazie a Salminen che mi sono immerso di nuovo nel racconto di Marke. Ero in una fase di scoramento e, senza dirti nulla, ho pensato: "Credo che rifiuterò *Tristano* per la terza volta".

Ma mentre per l'ennesima volta ascoltavo Salminen nella tua registrazione del *Tristano*, ho notato che nella sua grande narrazione lui arrivava a un accordo talmente perfetto tra il testo e la musica che mi sono detto: "Ah, però! In teatro conosco questo tipo di testo, questo tipo di dialogo, questo modo di articolare un pensiero complesso e credo che saprei come metterlo in scena, saprei aiutare il cantante, e saprei farlo anche al cinema, con il tipo di monologo, con il pensiero molto articolato e che riprende tutto sotto molteplici forme, con l'introspezione che si dibatte fra le contraddizioni. Tutto questo mi è familiare". Poi ho pensato: "Là ci potrebbe essere uno spiraglio, un varco attraverso il quale potrei rientrare".

3.
"La tecnica del passaggio"

Trasformazione progressiva del contenuto psicologico della musica. Strategia wagneriana della struttura delle scene. Accelerazione e decelerazione nel Secondo atto.

Barenboim

Ma perché volevi annullare il *Tristano* per la terza volta?

Chéreau

Perché non capivo niente.

Barenboim

Del testo?

Chéreau

No, non solo del testo. Della musica. Forse perché ero terrorizzato dal Secondo atto. Per forza ci si terrorizza, dopo aver visto certe messe in scena. Quel giorno, mentre ascoltavo la tua registrazione, forse, al contrario di altri registi, quando il re Marke-Salminen finalmente è arrivato alla fine del Secondo atto, ho avuto l'impressione di essere salvo e di vedere la fine del tunnel. Perché è evidente che il problema del *Tristano* è prima, nel gran duetto.

Capita che il regista rinunci in quel punto. In un certo senso, il Primo atto è più facile da analizzare. Mentre il Secondo... Eppure bisogna rientrare nell'opera proprio attraverso il testo.

La seconda impressione molto forte è la decelerazione tra l'arrivo eccitato di Tristano:

Isolde! Geliebte!
(Isotta! Amata!)
Tristan! Geliebter!
(Tristano! Amato!)

e il momento in cui alla fine il dialogo rallenta.

In altre parole, come è organizzata in musica questa decelerazione fino al momento in cui loro arrivano al:

O sink hernieder,
Nacht der Liebe,
(O quaggiù scendi,
notte dell'amore),

dove all'improvviso si giunge a grandi momenti di calma. È questo che bisogna analizzare. A volte, in certe registrazioni, si passa dal molto veloce al molto lento, senza nessuna relazione.

Lo stesso problema si pone nel Terzo atto, da:

Die alte Weise
(L'antica melodia)

fino al momento di eccitazione:

Isolde kommt!
(Isotta viene!),

che è costruito musicalmente. In certi casi si trovano registrazioni (per non citare Kleiber con Kollo) in cui si passa da una completa atonia a una dinamicità ai limiti dell'oltraggio, senza transizione: nessuna velocità o dinamica intermedia. Non un'articolazione che permetta a questo suono di crescere e alla coscienza di Tristano di ritornare progressivamente.

Barenboim

Sia in teatro sia in musica, si tratta di pensiero strategico. Vuol dire che tu cominci qui e sai fino a che punto devi andare. Sai che non devi lasciarti sedurre da possibilità tattiche, dalla tattica dell'eccitazione del momento. Vedi episodi che a volte sono magnifici in se stessi, ma che non sono legati tra loro.

Chéreau

Non serve a niente che siano magnifici in se stessi. Non serve assolutamente a niente, se poi non sono collegati.

Non l'ho ancora approfondito appieno, ma subito ho avuto la consapevolezza che nel gran dialogo del Secondo atto ci fosse un pensiero in completa evoluzione, ma anche un'azione che si modificava e che partiva dalla prima frase del testo fino a:

> *O ew'ge Nacht*
> (Eterna notte),

dove finiva.

Questo include Brangania, un primo duetto, poi un secondo duetto, poi anche:

> *O sink hernieder,*
> *Nacht der Liebe*
> (O quaggiù scendi,
> notte dell'amore).

E anche:

> *So stürben wir,*
> *um ungetrennt*
> *ewig einig*
> (Moriremmo così
> per poter, indivisi,
> congiunti eternamente).

Dopo questo, come regista ho ceduto, sì, non ho più continuato la messa in scena, è rimasto come un buco. Per concludere, quando ho capito che c'era un pensiero, un vero pensiero che si sviluppava e si trasformava in permanenza e che modificava le persone stesse che lo elaboravano, allora ho cominciato a rientrare nell'opera.

Barenboim
Wagner era del tutto cosciente di questo; voglio dire, teoricamente cosciente.

Nel 1860, da Parigi, scrive una lettera a Mathilde Wesendonck, in cui parla della tecnica che ha sviluppato nel *Tristano*. La chiama "la tecnica del passaggio". Spiega che per la sua musica è essenziale la trasformazione continua del contenuto psicologico della musica stessa, senza suddivisioni.

Il concetto di transizione è importante in qualsiasi musica, ma in Wagner è indispensabile.

Dal mio punto di vista, questo può essere un elemento in comune con i grandi finali di Mozart. Tutto il finale del Primo atto del *Don Giovanni* è praticamente in un solo *tempo*, a volte il doppio, a volte la metà, ma c'è sempre una relazione matematica. Questo vuol dire che il contenuto, l'atmosfera e la psicologia cambiano, tutto ciò che è soggettivo cambia; ma il *tempo*, cioè la velocità, quello resta oggettivo, quasi come avviene nel *dramma giocoso*, dramma del tempo oggettivo. Succede qualcosa di simile anche in Wagner. Un po' meno ne *L'Oro del Reno*, dove in ogni transizione c'è una decisione da prendere, anche prima dell'ingresso di Loge, e dove, dopo un rallentamento, si arriva al *tempo* più rapido e poi si entra impercettibilmente nel tempo più lento o viceversa; oppure si resta nel *tempo* iniziale e poi si passa al doppio o alla metà, che alla fine sono la stessa cosa. È una transizione che però non può essere fatta in maniera istintiva. Altrimenti diventa un mezzo di espressione tattico, non una strategia, e questo non è possibile. L'idea della transizione e della *liaison* dei tempi, come del rapporto fra i testi, è legata in Wagner al concetto stesso di suono.

4.
Cronologia del *Tristano*

Flusso del tempo fra i vari incontri. Ossessione di una relazione dilatata nel tempo.

Barenboim

Spesso ti sei posto domande sull'evoluzione temporale nel *Tristano*, quanto tempo sia trascorso fra un incontro e l'altro. Mi sembra un approfondimento molto utile, non solo per la regia, ma in definitiva per tutta l'opera. Riguarda la cronologia degli avvenimenti.

Nell'ambito della narrazione, che cosa è successo prima, ovvero cosa accade prima della storia raccontata da Tristano e Isotta? Quanto tempo è trascorso tra quel momento e quando si ritrovano sulla nave? Quanto tempo è trascorso tra il Primo e il Secondo atto? E tra il Secondo e il Terzo? Sono domande di grande rilievo. Gli aspetti collegati al tempo acquisiscono automaticamente una dimensione musicale, perché la musica avviene nel tempo. Perciò, una cosa che capita un secondo dopo è completamente differente da quella che capita un mese dopo.

Chéreau

La musica riesce a farci immaginare molte cose. Il Preludio del Terzo atto è una sorpresa: l'ascolto ci provoca una sensazione intensa, la sensazione psicologica di essere altrove, lontano, molto dopo. Il tempo è passato, le persone sono cambiate. È quasi un sentimento ineluttabile, che dà la sensazione del tempo trascorso.

Di questo nel libretto non c'è traccia. E non possono esserci tracce visibili nella messa in scena. Tuttavia per i cantanti ho stabilito quasi una cronologia, la più lunga possibile.

Dieci anni prima c'è l'episodio dello sguardo. Quando Isotta lo soccorre, Tristano la guarda e lei annega in quello sguardo, lascia cadere la spada, non lo uccide, rinuncia volutamente (oppure no) al suo progetto di vendetta. Se all'epoca avevano trent'anni, ora ne hanno quaranta. Se ne avevano quaranta, ora ne hanno cinquanta. Nell'ipotesi di un intervallo di dieci anni, si resta lontani dal semplice colpo di fulmine. E diventa come un terremoto, una lunga scossa che ha cambiato la loro vita e che non hanno mai dimenticato.

Mi è sembrato giusto che quello sguardo fosse il più lontano possibile dal momento in cui si vedono sulla nave e fanno la traversata insieme. Meglio pensare che non si siano più rivisti e che, dalla fine del Primo atto, non ci siano stati altri incontri tra loro fino al Secondo atto, quando lui arriva correndo; e quella diventa solo la terza volta, nella loro vita, in cui si incontrano.

Barenboim

Nella loro storia, quindi, il loro primo incontro è avvenuto dieci anni prima dell'inizio dell'opera, il secondo è stato sulla nave verso la Cornovaglia, il terzo durante la *Liebesnacht* (notte d'amore), il quarto e ultimo sarà a Kareol, in Bretagna.

Chéreau

Sì, e l'ultima volta non ci sarà, perché quando lei arriva lui sta per morire. Questo quarto incontro dura solo il tempo di cantare: *Isotta!*.

Quindi quattro incontri in tutto, di cui sulla scena se ne vedono tre. Ho pensato a un lasso di tempo il più lungo possibile tra lo sguardo e la nave, e ho stabilito dieci anni. Tuttavia non ne ho nessuna conferma, benché non ci sia alcuna contraddizione. Ho proposto ai cantanti che tra la nave e il

Secondo atto trascorra diverso tempo, almeno uno, due o tre mesi, in cui loro non si vedono mai da soli. Penso che nel testo sia scritto così.

Quindi la mia valutazione del tempo, della durata, è stata di proporre ai cantanti una storia talmente diluita negli anni da scongiurare interpretazioni limitate al colpo di fulmine, per sostituirle con una vicenda simile a un'esperienza di tutta una vita – anche se loro non l'hanno trascorsa insieme – una vita quasi ossessiva.

La mia proposta è che Tristano resti in coma ancora due o tre mesi tra il Secondo e il Terzo atto; questo periodo di tempo che ho suggerito ha forse suscitato risonanze nella mente dei cantanti, anche se sulla scena non ne resta evidenza. Non ha importanza che rimanga invisibile, è comunque un'ipotesi sconvolgente che può aiutare i cantanti a fare un lavoro logico, a rivivere una vita intera, un'ossessione amorosa devastante.

5.
Versioni diverse degli stessi avvenimenti

Il problema irrisolto dei racconti contraddittori di Tristano, Isotta, Kurwenal, Brangania e re Marke. Pluridimensionalità della musica.

Chéreau

L'aspetto che suscita sempre interesse nel *Tristano* è che certi racconti che dovrebbero informarci su un avvenimento sono in realtà parziali e discordanti.

La versione volgare della storia di Morold è raccontata da Kurwenal, che l'ha vista solo dall'esterno. Una versione più approfondita è raccontata da Isotta, che mente e ne salta alcuni episodi. Alla fine Tristano, raccontando la storia di Morold in un modo ancora diverso, provoca in maniera violenta Isotta, poiché parla alla promessa sposa dell'uomo che lui stesso ha ucciso e del quale le ha inviato la testa. Dunque ci sono varie versioni, e questo è il problema di fondo non risolto nell'opera, uno degli elementi centrali.

Nel racconto di Isotta c'è perfino disperazione, e ironia nel modo in cui lei si ferisce da sola mentre danza, mimando e raccontando in due o tre modi diversi ciò che secondo lei Tristano potrebbe aver detto a Marke. Isotta stessa altera la storia, quando dice:

Als dein messender Blick
mein Bild sich stahl,
ob ich Herrn Marke
taug als Gemahl

(Quando il tuo sguardo indagatore
afferrò la mia immagine,
se mai fossi al re Marke
utile quale sposa).

Ma dieci anni prima, quando si sono guardati, Marke non c'era! Lei sembra in malafede – o forse è incosciente – perché comprime due avvenimenti non contemporanei. Allora, dicendo questo, lei stessa mente, interpreta. Ma questa è gelosia e pura disperazione.

D'altra parte, lui non risponde perché non c'è niente da rispondere. È come se qualcuno dicesse: "Prima che ci incontrassimo, tu sapevi già che mi avresti ingannato".

C'è un'altra versione, quella di Brangania, che riferisce su un fatto che non ha vissuto. E poi ci sono le versioni contraddittorie del Secondo atto, in cui Tristano ha il compito di spiegare perché sia andato lui a cercare Isotta.

Quella di Tristano:

Denen bot ich Trotz,
und treu beschloss,
um Ehr' und Ruhm zu wahren,
nach Irland ich zu fahren.
(A tutto volli oppormi
e costante decisi,
per tutelare onori e fama,
di muovere verso l'Irlanda).

Poi ce n'è un'altra, quella di Marke, che gli dirà: "Ricordati, sei tu che me lo hai detto, sei tu che hai insistito perché io prendessi Isotta in moglie, sei tu che mi hai parlato di lei. Sei tu che hai insistito per andare".

Quest'ultima, secondo me, è la versione autentica.

La complessità dell'intreccio è appassionante: diventa una dinamica tra persone che non raccontano mai esattamente la stessa storia. Anche se non è chiaro fino a che punto questa complessità fosse voluta da Wagner. Sono io che la vedo così?

In ogni caso, le differenze che colgo e su cui mi sono basato, questi racconti tanto divergenti tra loro, mi sono fondamentali. Diventano il motore stesso di una messa in scena.

Barenboim

È attraverso la partitura che si comprende come Wagner costruisca la musica per sottolineare le differenze tra i racconti.

Ma è limitativo dire che se lei mente, la musica sottolinea la menzogna. Non è vero. La musica ha sempre maggiori possibilità rispetto alle parole, perché non ha mai una sola dimensione. La musica non è mai felice, triste o malinconica. È percepita in funzione dello stato d'animo di chi la ascolta.

Chéreau

Io non utilizzerei nemmeno l'espressione "lei mente", per esempio. Non si tratta di menzogna, ma di una situazione più complessa. È anche il lavorio del tempo, per cui non si può raccontare la stessa storia dieci o cinque anni più tardi. Alcune cose lei non può ammetterle, non può confessarle neppure a se stessa.

LA MUSICA

1.
Il suono wagneriano

Primo approccio dell'orchestra scaligera al Tristano. *Il linguaggio e lo stile. Fraseggio e continuità del suono. Rapporti fra volume, tensione armonica, varietà di accenti e controllo della velocità e delle dinamiche. Il peso del suono. Espressività del silenzio.*

Barenboim

Ho fatto il *Tristano* molte volte, con diverse orchestre. Eppure, con l'Orchestra della Scala ho avuto un'esperienza affascinante, perché ho lavorato con un'orchestra italiana e gran parte dei musicisti eseguiva quest'opera per la prima volta.

Ho diretto il mio primo *Tristano* nel 1979-1980, alla Deutsche Oper di Berlino Ovest, con un'orchestra che conosceva l'opera a memoria. Per me, invece, era la prima opera wagneriana. Dunque, una vera sfida.

In seguito, l'ho diretto a Bayreuth. Non voglio parlare della messa in scena o dello spettacolo, ma solo dell'esperienza musicale. L'orchestra di Bayreuth conosceva l'opera perfettamente e la suonava a meraviglia. L'ultimo direttore che aveva eseguito là il *Tristano*, solo quattro o cinque anni prima di me o forse anche meno, era stato Carlos Kleiber, che lo aveva diretto in maniera magnifica. Allora ero un po' più esperto che a Berlino, perché mi ero già confrontato con l'opera, anche se non si può paragonare la mia esperienza a quella di musicisti che la suonavano da trent'anni. Poi ho eseguito il Secondo atto in versione da concerto con l'Orchestra di Parigi, che non lo conosceva affatto.

Ho diretto il *Tristano*, ancora in versione da concerto, con l'Orchestra Sinfonica di Chicago, una delle più grandi orchestre al mondo. Un'orchestra a cui questo tipo di linguaggio era del tutto familiare, perché aveva già suonato Bruckner, Berlioz e tutti gli autori che conducono a Wagner o che lo seguono. Quindi avevano familiarità con il linguaggio, ma non conoscevano quest'opera.

Poi per otto anni, a partire dal 2000, ho diretto circa cinquanta esecuzioni del *Tristano* con la Staatskapelle di Berlino, sia alla Staatsoper Unter den Linden che in tournée. Con questa orchestra ho diretto tutte le dieci grandi opere di Wagner dall'*Olandese volante* al *Parsifal* e abbiamo sviluppato un linguaggio comune: consiste in un'idea molto chiara della produzione del suono, della necessità di un equilibrio orchestrale che dipende non solo dall'udibilità di tutte le note, ma anche da una gerarchia armonica che guida tale equilibrio. È necessario aggiungere anche una grande varietà della velocità dinamica. I *crescendo* e i *diminuendo* non dovrebbero essere sempre eseguiti alla stessa velocità. Dipende dalla lunghezza e dalla densitàarmonica.

È il principio sviluppato in seguito da Schönberg che nelle sue partiture indicherà con una H (*Hauptstimme*) la voce principale e con una N (*Nebenstimme*) la voce secondaria. Già nella seconda battuta del Preludio del *Tristano*, per esempio, bisogna fare il *decrescendo* dell'oboe più lentamente di quello degli altri strumenti per poter rendere udibile non soltanto la sua linea (voce principale), ma anche per evidenziare la relazione armonica con il resto dell'orchestra (voce secondaria).

E infine ho diretto il *Tristano* qui alla Scala, con un'orchestra magnifica, che non conosceva in profondità né il linguaggio né lo stile, né l'opera stessa. Quindi è stata un'esperienza difficile, ma anche molto interessante e coinvolgente per me. L'orchestra qui è straordinaria e capace di fare qualsiasi cosa, però ci vuole tempo perché i componenti riescano ad acquisire non solo le informazioni, e quindi la capacità manuale e artigianale di suonare le note, ma anche il contenuto nel suo insieme.

Per me è stato affascinante vedere musicisti di altissimo livello scoprire una partitura tanto originale. Proprio perché l'orchestra è italiana, ha sue caratteristiche peculiari. È abituata a suonare un altro repertorio (anche se ha eseguito molto Wagner), ha tutta l'esperienza della musica italiana. Per questa orchestra è quindi più facile suonare i passaggi lirici del *Tristano*, mentre tutto ciò che non lo è diventa più difficile. Per un'orchestra tedesca è esattamente l'opposto. Non si tratta solo di una questione di facilità, o di sensibilità, bensì di conoscenze.

Non credo al nazionalismo culturale in questo senso. Mi rendo conto che nell'espressione della musica wagneriana c'è qualcosa che si adatta in modo più naturale alla sensibilità tedesca che alla sensibilità latina o slava, senza dubbio. Ma allo stesso tempo penso che a un italiano l'essenza di Wagner sia pienamente accessibile, così come a un tedesco è pienamente accessibile l'essenza di Verdi. Io stesso costituisco una prova di quanto sto affermando. Sono nato in Argentina. Se mi fossi limitato alla musica del mio paese, sarei solo un pianista di tango. E poi, cosa dovremmo pensare dei musicisti che vengono dall'India, dal Giappone o dalla Cina?

Alla fine, ciò che conta davvero è solo il grado di curiosità che abbiamo nei confronti di un mondo che non è il nostro. È quasi come imparare a parlare una lingua straniera senza accento. Ci sono persone che sono più dotate in questo, e altre che non lo sono. Alcuni parlano in modo perfetto una lingua straniera, ma hanno un accento spaventoso; altri parlano le lingue senza alcun accento, però non ne conoscono né la struttura linguistica né la grammatica.

L'Orchestra della Scala era assolutamente capace di sviluppare lo stile wagneriano. Non mi sono sentito limitato dal fatto che fossero italiani, al contrario, ne ero particolarmente stimolato.

Per prima cosa bisogna avere l'idea del suono che esige questa partitura, un suono che è innanzitutto continuo. Se non si ha il senso della continuità del suono, non è possibile suonare il *Tristano*.

In più, in Wagner, bisogna sempre parlare di suono legato. Lui non è un compositore *staccato*, è un compositore *legato*: *immer gebunden, übergebunden* (sempre legato, legatissimo). Ciò significa che il collegamento era un elemento chiave di tutto il suo pensiero, per il libretto come per la musica.

Si trovano tuttavia passaggi meno legati, come quelli in cui i personaggi sono in gruppo. Per esempio, nel Primo atto, quando i marinai arrivano, c'è un passaggio musicalmente un po' più *staccato*. Là Wagner diventa ironico, e quel tipo di suono è voluto. Riprende la rima del testo: *Irenland... Engeland.*

Per ritornare al nostro tema del suono wagneriano, bisogna avere una capacità strategica, piuttosto che tattica, nella costruzione delle frasi, che sono estremamente lunghe e si accumulano. Perciò bisogna elaborare una crescita del volume e della tensione armonica. Tutto questo determina il suono.

Infine, è necessario avere a disposizione un enorme repertorio di accenti differenti, accenti che spariscono subito dopo essere stati suonati, come quando si mette la mano sul fuoco e la si ritira immediatamente. Questo significa controllo della velocità e della dinamica, negli accenti e nei *crescendo*. Molto spesso c'è un *fortepiano*, poi ancora un *fortepiano* – ne abbiamo già parlato –, ma la terza volta non c'è più un *fortepiano*, soltanto uno *sforzando* che continua. Bisogna avere quindi un controllo minuzioso di tutto ciò che è verticale, dal punto di vista degli accenti, combinato con un discorso orizzontale, che è quello del flusso della musica. Il tutto è estremamente complicato da mettere insieme.

È molto più importante parlare di questi elementi del suono wagneriano che chiedersi se si tratti di un suono tedesco, un suono americano o un suono italiano. È chiaro che per un'orchestra abituata a suonare lunghe linee melodiche e a mantenere il suono è più facile ottenere un buon risultato che per un'orchestra abituata a rendere *sfumature* e *nuances*.

Per suonare questa musica, a mio parere, ci vuole un controllo molto sottile fra la strategia e la tattica. Come in politica, d'altra parte. Tattica nel senso che si comincia una frase o si ascolta un'armonia e poi si decide di intervenire con piccole sfumature, cioè si reagisce tatticamente a ciò che l'opera propone. Allo stesso tempo, bisogna continuare ad avere un'idea strategica della direzione intrapresa, che in parallelo possa guidare tutte le decisioni. A ogni stadio dello sviluppo si è cioè consapevoli che esiste qualcosa al di là, un obiettivo da raggiungere. Bisogna sempre avere la visione d'insieme, la consapevolezza della meta finale.

Ci sono altri aspetti fondamentali del suono wagneriano che vorrei illustrare.

Wagner aveva ben compreso la fisicità del suono, ovvero che il suono ha la tendenza a cadere nel silenzio, a morire. Forse è questa la prima idea dell'elemento tragico nella musica. Dunque la continuità è resistere alla sua tendenza a cadere nel silenzio. Questo è fondamentale.

Già nel Preludio del *Tristano* troviamo un elemento altrettanto importante, anche se apparentemente contraddittorio: l'utilizzazione del silenzio come un mezzo di espressione musicale. La musica comincia e, dopo due misure e mezzo, cade di nuovo nel silenzio. Ritroviamo quindi il momento anteriore alla prima nota. È l'integrazione del silenzio nella musica. Non è sempre il silenzio a interrompere la musica, qualche volta si ha la sensazione che sia piuttosto la musica a interrompere il silenzio. Anche questo è un aspetto importante per il suono wagneriano.

Spesso si parla del suono come di un elemento coloristico: un suono chiaro, un suono scuro. Si tratta di un discorso puramente soggettivo. Quello che per me è chiaro, per te è scuro o viceversa. Il peso del suono, invece, non è soggettivo, e non lo è nemmeno la durata, né lo sono il suo inizio o la sua fine. Non sono aspetti soggettivi ma del tutto oggettivi.

Penso che l'Orchestra della Scala lo abbia capito benissimo. I professori d'orchestra sono stati collaborativi e interessati. Fortunatamente ho avuto abbastanza prove per poter anche discutere e spiegare loro questi aspetti, senza dovermi limitare a dire "più forte", "più corto", "più veloce" o l'opposto. Si può affermare che il *Tristano* offra la possibilità di pensare la musica sotto un'altra forma, ma questo non c'entra con il fatto che loro siano italiani e Wagner tedesco. Insomma, abbiamo imparato a pensare insieme.

Il *Tristano* presenta una grandissima difficoltà d'esecuzione, dovuta non solo all'esigenza di dover imparare a suonare dei passaggi difficili. Tutti i musicisti capaci e volenterosi possono riuscirvi, in alcuni casi in maniera più rapida, in altri lavorandoci di più, ma alla fine imparano. Per l'orchestra la vera difficoltà del *Tristano* è la concentrazione. Capita di avere ventisette, o quaranta, misure di riposo e poi bisogna essere lì, pronti a riprendere a suonare. Solo eseguendo più volte questa musica si raggiunge una maggiore naturalezza.

In ogni caso, l'Orchestra della Scala è stata molto disponibile alle prove, e insieme abbiamo potuto fare un lavoro che mi ha affascinato, e non lo dico per complimentarmi, lo penso sinceramente. L'orchestra ha mostrato un interesse enorme nel cercare di capire cosa rende tanto speciale e unico il linguaggio musicale di Wagner. L'opera era stata eseguita a Milano, per l'ultima volta, trent'anni fa. Penso che siano rimasti soltanto due dei musicisti che l'avevano suonata allora; e non so neppure se si ricordassero di quell'esperienza. Quasi la totalità ha perciò avuto il suo primo incontro con il *Tristano* musica in quest'occasione, e come direttore d'orchestra mi considero molto fortunato, perché ho potuto osservarli mentre ognuno di loro scopriva questa grande partitura. L'orchestra è uno specchio della società. Nell'orchestra si trova gente curiosa, meno curiosa, molto intelligente, meno intelligente. Ma posso confermare che non c'è un solo musicista in questa orchestra che durante le settimane del nostro lavoro non abbia trovato qualche aspetto affascinante nella partitura. Un capolavoro chiave come il *Tristano* non ha lasciato nessuno indifferente, questo lo posso assicurare. E questo, per un direttore d'orchestra, è un'esperienza esaltante.

2.
Il Preludio

Nuovo ruolo del Preludio. Tensioni e incertezze armoniche risolte solo alla fine dell'opera. Calcolo del peso strumentale. Raffinatezza dell'orchestrazione. Il silenzio e la morte. L'impercettibile flessibilità del tempo *musicale. Strategia del* climax.

Barenboim

Wagner ha trasformato il ruolo del Preludio. Nelle opere di Rossini o di Mozart spesso l'Ouverture serve solo come pezzo d'entrata che dà un'idea generale dell'opera che segue; però, tematicamente, di rado il Preludio ha elementi in comune con l'opera stessa. Per esempio, l'Ouverture de *Le nozze di Figaro* potrebbe essere suonata in maniera autonoma, oppure essere utilizzata per il *Così fan tutte*. Succede lo stesso con le Ouverture delle opere di Rossini, quasi tutte intercambiabili.

Per Rossini, e anche per Mozart, l'Ouverture era un pezzo che serviva da transizione fra la vita esterna, la vita normale del pubblico, e l'inizio dello spettacolo. Era come un'entrata, ci si guardava intorno in teatro per vedere chi c'era, dove sedevano le belle donne.

Invece, con Wagner, l'Ouverture diventa una parte organica della partitura. È per questo che Wagner ha annotato in maniera precisa anche quando si deve alzare il sipario. Perché ben capiva la difficoltà dello spettatore di separare gli occhi dalle orecchie. A mio avviso, nelle opere di Wagner, molti registi commettono un gravissimo sbaglio – e non lo dico per convenzione o per tradizionalismo, ma a seguito di una riflessione sull'essenza di questo tema – e cioè quando, durante il Preludio, prima dell'apertura del sipario, organizzano delle mi-

miche e delle coreografie artificiali. La musica si trasforma allora in un elemento d'accompagnamento, descrittivo di qualcos'altro, perché in quell'istante l'occhio è più forte dell'orecchio. Quando invece il sipario è chiuso e inizia il suono del Preludio, soprattutto nel caso del *Tristano* (ma anche del *Parsifal*), si entra nel mondo di Tristano e Isotta che ci accompagnerà per le cinque ore della serata. L'ascoltatore intelligente e non passivo, che non se ne sta soltanto seduto ad aspettare che la magia arrivi da sola, ma veramente si apre con le orecchie e con l'anima, già con il Preludio riuscirà a entrare in questo nuovo mondo sonoro. Alla fine del Preludio, quella tensione in crescendo e che poi si spegne con due pizzicati di violoncelli e contrabbassi, con un sol solitario che prepara l'entrata del marinaio all'apertura del sipario, è una costruzione elaborata. Il Preludio non è soltanto un'introduzione, è già tutto. In un certo senso, è come il nucleo, il germe dell'intera opera.

Nel *Tristano* si stabiliscono determinati principi che saranno poi sviluppati lungo tutta l'opera. Il primo è un grandissimo ventaglio dinamico. Dal *pianissimo* più intimo, più sussurrato, quasi un elemento di insinuazione, al punto culminante del Preludio, che è il *fortissimo* tremendo dove si ha l'impressione che tutto esploda.

Il Preludio incomincia con un *pianissimo* veramente lontano, intimo, profondo. La prima battuta è senza armonia: ci sono solo un la e un fa suonati dai violoncelli, due note che possono avere tante possibilità. Come indirizzo armonico potrebbe anche essere in fa maggiore. Perché no? Invece già nella seconda battuta c'è il famoso *accordo del Tristano* su cui hanno scritto in tanti, Schönberg, Hindemith... È lo stesso accordo che ritroveremo nel punto culminante, verso la fine del Preludio. All'inizio è strumentato modestamente, solo con alcuni legni e violoncelli, ai quali poi segue tutta l'orchestra, ma con le trombe che hanno già incominciato a suonare qualche misura prima, per preparare questo punto culminante. È tutto calcolato.

Anche il peso dell'orchestra è calcolato. Nel senso che non soltanto la dinamica è sempre crescente, ma anche gli strumenti accentuano la potenza, come i tromboni e soprattutto le trombe, che entrano proprio all'ultimo momento del *crescendo*, prima del punto culminante. Vuol dire che, fino all'ultimo momento, non ti rendi conto di quello che sta per succedere, perché la tromba incomincia a suonare dentro l'impasto dell'orchestra e solo poi diventa elemento guida, che porta e indirizza tutto il discorso verso la grande esplosione del punto culminante.

Dunque, già a partire dalla seconda battuta appare questo accordo pieno di dissonanza, questo famoso *accordo del Tristano*, carico di contrasto e di tensione proprio perché la battuta precedente, la prima, non è armonizzata. Ci sono solo tre note, la, fa e mi. E questo mi non va alla nota superiore, che continua, diciamo, la melodia dell'*accordo del Tristano*. Questo mi scende al re diesis che è dentro l'accordo e poi è preso dal corno inglese. Dunque, prima di tutto, c'è la dinamica, poi la tensione armonica, risolta soltanto a metà della terza battuta. In altre parole, si ha il massimo di tensione dell'accordo e poi una risoluzione a metà, che lascia tutto sospeso. Normalmente, lì ci dovrebbe essere già un accordo di risoluzione.

Nella terza misura, quindi, l'*accordo del Tristano* è risolto soltanto a metà; rimane sospeso nell'aria, perché lì ci dovrebbe essere una risoluzione di questo accordo che è già una mezza risoluzione del primo. Lì mancherebbe un accordo di la minore. Basterebbe suonarlo una volta al pianoforte, un accordo di la minore sulla seconda metà della terza misura, e vedremmo la differenza fra una risoluzione armonica definitiva, che ci si aspetterebbe, e la risoluzione a metà pensata da Wagner. Però è proprio questa risoluzione a metà che gli permette adesso di ripetere il motivo un tono sopra. Prima ha incominciato in la, adesso comincia in si.

Wagner utilizza quindi un elemento molto importante della sua musica, ed è l'elemento dell'accumulazione. Perché ripetere piattamente qualcosa può essere un esempio di monotonia, mentre ripetere qualcosa in cui è compreso un certo cambiamento – di dinamica, di note o di armonia – ha un effetto cumulativo che opera sul nostro orecchio e, in maniera più o meno cosciente, entra nel sistema della memoria. Si sente qualcosa che è risolto solo a metà. La seconda volta che appare, il fatto ha già un passato. Non bisogna mai dimenticare che la prima nota di un pezzo di musica non ha passato, il passato è soltanto il silenzio, mentre la seconda ha un presente e un futuro, ma anche un passato.

Quando alla fine della terza battuta questo motivo si ripete, a un livello più alto, è proprio per acutizzare tutti gli attributi che abbiamo nel nostro cervello, incluso quello della memoria.

L'altro elemento importante da sottolineare è che, con questa risoluzione armonica a metà, Wagner torna al silenzio, al silenzio dell'inizio dell'opera. Silenzio che diventa un'interruzione della musica in modo speculare al silenzio iniziale, che invece era stato interrotto dalla musica. Tuttavia sono due sentimenti assolutamente diversi. Quando il Preludio del *Tristano* comincia, parte proprio dal silenzio. E qui sta la grande difficoltà per i violoncelli: riuscire a suonarlo veramente *pianissimo*, *legatissimo* e senza il minimo accento.

Chéreau

Come se arrivasse dal nulla...

Barenboim

...o dal silenzio stesso.

Il Preludio deve proprio venire dalla profondità del silenzio, come un reperto archeologico che si incomincia a vedere quando spunta appena dalla terra. Abbiamo musica durante solo due battute e mezzo, e poi di nuovo il silenzio. Questo nuovo silenzio, naturalmente, è diverso da quello che precede la prima nota. Di conseguenza, quando il motivo si ripete, siamo già in un altro stato d'animo rispetto al primo, perché anche il silenzio ha il suo passato. Ma il silenzio all'interno di un pezzo musicale non è uguale al silenzio che precede la musica. Il silenzio all'interno di un pezzo di musica può avere funzioni molto diverse. Se si è accumulata abbastanza tensione, il silenzio può essere anche più forte dell'accordo *fortissimo* dell'intera orchestra.

A ogni modo, questo silenzio della terza battuta è molto importante perché sottolinea il fatto che l'armonia non è stata risolta, sottolinea l'esitazione del motivo iniziale. Prima di ripetere l'inizio del Preludio c'è bisogno di un silenzio, che non può significare altro che un momento di riflessione. Si può interpretare questo silenzio come si vuole: esitazione, ricordo, preparazione, però è chiaro che è un silenzio che interrompe la musica, che a sua volta interromperà questo silenzio. È questo, in parte, il principio dell'ambiguità nel Preludio del *Tristano*: un'ambiguità di armonia, di suono e di silenzio. Si entra in un mondo in cui la musica è allo stesso tempo nel mondo e fuori dal mondo, simultaneamente. È questa la magia del *Tristano*. Qualcosa fuori dal mondo, come un sogno, o qualcosa di immaginario.

Il silenzio è la morte del suono. Dunque, per noi esseri mortali, che lo vogliamo o no, il silenzio è un'espressione della morte. In questo senso la musica è fuori dal mondo: perché, come esseri umani, noi non possiamo veramente vivere la morte, salvo nell'esperienza del suono e del silenzio. Questo, per me, è un elemento chiave per entrare nel mondo del *Tristano* che, pur intitolandosi *Tristano e Isotta*, più che una storia d'amore è un'opera sulla morte.

Questo processo musicale si ripete poi una terza volta. Sempre a un livello diverso, più alto, con una nota in più dei violoncelli. I violoncelli hanno sempre un levare, poi un'altra nota lunga, ancora una nota, e poi l'accordo, il famoso *accordo del Tristano*. La terza volta, la nota in più non è soltanto per aggiungere ancora qualcosa. Si tratta di una nota fuori dall'armonia, che sottolinea il cromatismo, cioè la lingua e lo spirito di tutto il *Tristano*. Non si può immaginare quest'opera senza il cromatismo, un elemento organico, chiave. Cromatismo significa dissonanza, instabilità, ambiguità, ricerca. Quando c'è un accordo armonicamente chiaro si sa con esattezza dove si è. C'è una stabilità: ci si muove e poi si torna al punto di partenza. Il cromatismo, invece, è una ricerca di un'altra tonalità, è come un *refugee*, un profugo. Il cromatismo è questo: la ricerca di una nuova terra, di un'altra nazione. È la ricerca di una stabilità diversa. Dunque questa nota supplementare, che appare alla terza presentazione nel motivo iniziale, fa crescere la tensione proprio perché è cromatica. La musica si ferma di nuovo e poi, per la prima volta, il motivo lo suonano gli strumenti a legno, da soli. (Avevano già suonato da soli, ma solo come risposta ai violoncelli.)

Chéreau

Secondo te, perché Wagner ripete un motivo come questo per tre volte?

Barenboim

Per creare nell'orecchio dell'ascoltatore l'aspettativa di sentirlo ancora. Quando questa terza volta è passata, l'orecchio si aspetta una quarta volta, perché ormai si è abituato e pensa che succederà di nuovo, come avviene con certe sequenze, per esempio nella musica barocca. È come con il sole, che ogni giorno sorge e poi cala: si guarda tre, quattro volte, e si sa che ci saranno anche il quinto e il sesto giorno. È l'aspettativa della ripetizione. Eppure in Wagner, dopo la terza volta, questo non accade. Segue una ripresa con i soli fiati. In un certo senso una misura in più di quello che avevamo sentito fino a quel momento. Invece dei violoncelli, che introducevano l'accordo, c'è un accordo ancora pieno d'ambiguità con il flauto, l'oboe, il clarinetto e il corno inglese. Un accordo d'armonia non chiara. Potrebbe essere un accordo in fa minore con il re del flauto, oppure molto altro. Accordo incorniciato da due *fermate*, allungando il silenzio ogni volta di più. La musica più corta e il silenzio più lungo. Poi si ripete solo la seconda di queste due battute, dei soli legni, suonata dai primi e secondi violini all'ottava, senza armonia. E così si continua. Dunque tutto calcolato al massimo, per avere questa...

Chéreau

...accumulazione di tensione.

Barenboim

Poi attaccano di nuovo i soli fiati un'ottava sopra. Poi i violini riprendono le note che sono state suonate dal flauto, anche queste ripetute ancora una volta. Dunque ogni frammento più piccolo viene ripetuto più volte. Quanta tensione accumulata, eppure ci sembra che il pezzo debba ancora iniziare!

La prima volta che troviamo una continuità nella musica, e non soltanto dell'armonia o del fraseggio ma della musica stessa, è alla battuta diciassette. Diciassette battute in un tempo molto lento, che obbligano l'ascoltatore a entrare quasi in un mondo unico, in un mondo fuori dalla realtà. È proprio il contrario dello strip-tease. Ogni volta un vestito in più. E poi, dopo che per diciassette battute la musica è stata sempre interrotta, quando finalmente incomincia la linea melodica continua, a quel punto, naturalmente, la lunga linea melodica sembra ancora più lunga. Tuttavia, se il pezzo cominciasse direttamente con la diciassettesima misura, non ci sarebbe questo sentimento di continuità che adesso sperimentiamo quale risultato del passato sonoro. Non bisogna mai dimenticare che la musica succede sempre nel tempo. Quando la melodia è lunga e non più interrotta, ci dà un senso di continuità ancora maggiore, proprio a causa di queste diciassette misure precedenti, dove invece è stata sempre interrotta e frammentata.

Poi tutto il Preludio cresce, mentre inizia un dialogo fra tonalità maggiore e minore, sempre per durate molto brevi, in un pezzo assai lento e alquanto lungo. La durata di ogni tonalità, e dunque la caratterizzazione di ogni attributo da conferire a una tonalità maggiore o minore, rappresenta una grande difficoltà per l'esecutore, in quanto non soltanto deve far sentire il cambio di dinamica, ma anche un cambio...

Chéreau

...psicologico, implicito nel continuo cambio di colore armonico?

Barenboim

Sì. Dove gli archi, per esempio, devono essere molto sensibili nell'aggiustare e cambiare il loro vibrato, con maggiore o minore intensità, con maggiore o minore velocità e con un vibrato più o meno largo o stretto. (Ci sono infatti tre elementi del vibrato: larghezza, velocità e intensità.)

Per il direttore d'orchestra tutto questo implica la necessità assoluta di raggiungere un'impercettibile flessibilità del *tempo*, della velocità. E la parola "impercettibile" è una parola-chiave. Se si esagera, si rompe la continuità del pezzo, se invece non lo si fa, viene a mancare un elemento assolutamente necessario per la musica, ovvero la flessibilità, che Wagner ha descritto molto bene nel suo libro sulla direzione d'orchestra.

Chéreau

Ritroviamo qui quell'elemento fondamentale in Wagner che è la transizione. Nel senso che la sua musica implica non dei cambi di marcia violenti, ma piuttosto delle transizioni impercettibili.

Barenboim

Una transizione impercettibile. Anche dove non ci sono delle vere transizioni, c'è necessità di una flessibilità impercettibile. E poi, in tutti i passaggi in tono maggiore, secondo me si dovrebbe insinuare un piccolo cambio di *tempo*, nel senso che bisognerebbe renderlo ancora più lento. La tensione dovrebbe poi riprendere quando tornano il cromatismo o la tonalità minore.

La prima volta che si sente veramente un accordo maggiore stabile è proprio alla misura 45. Ma anche lì, di nuovo, riappare già l'ambiguità del cromatismo. Perciò in questa misura, che viene dopo un *rallentando* (alla misura 44), il *tempo* può essere appena più ampio di quello che è stato prima, proprio per sottolineare il cambio armonico.

Questa è una dimostrazione che il cambiamento di *tempo*, quello che volgarmente si chiama *tempo rubato*, in Wagner non può essere, non deve essere, un elemento di volontà soggettiva. Ci deve essere, invece, sempre, una ragione strutturale basata sull'armonia e sulla dinamica. E poi, naturalmente, una volta che si è stabilita la relazione fra tutti questi elementi, l'esecuzione non deve più mostrare il calcolo o il pensiero necessario per raggiungere questo elemento di flessibilità.

Chéreau

Dovresti suonarlo in modo naturale, quasi spontaneo.

Barenboim

Sì, ma perché sia naturale e spontaneo, bisogna averlo pensato e preparato. Dunque queste due misure (44-45) rappresentano un momento molto breve, che contemporaneamente necessita di un piccolissimo cambio nel *tempo*, che non è fondamentale e che deve rimanere impercettibile, per poi riprendere il *tempo* misurato.

L'intercambio fra minore e maggiore si ripete fino ad arrivare al punto culminante, sottolineato, come ho già detto, da un'orchestrazione particolare, alla battuta 83. C'è un'ascesa organica di dinamica, di tensione, con la partecipazione di tutti gli elementi che abbiamo avuto dall'inizio, ma questa volta senza un'interruzione della musica. Tutto quello che all'inizio era in stato di preparazione, che utilizzava la relazione fra suono e silenzio per salire al punto culminante, adesso, per la grande ascesa, viene sottolineato da calcolate tensioni armoniche.

Anche la discesa, dopo questo *climax*, è calcolata con diverse tensioni armoniche e dinamiche, però sempre all'interno di una grande continuità. La prima volta che il silenzio torna di nuovo. È soltanto fra i due ultimi pizzicati del Preludio, che portano direttamente all'assolo del marinaio che inizia l'opera.

Chéreau

Qualcuno dice che tutte queste tensioni, ambiguità e incertezze armoniche del Preludio si risolvono soltanto alla fine dell'opera; che nel Preludio, Wagner inizia un viaggio che finirà soltanto con la trasfigurazione finale di Isotta.

Barenboim

Nel Secondo atto c'è una certa stabilità armonica. Tuttavia è vero che solo alla fine dell'opera si raggiunge una stabilità armonica maggiore, nella tonalità di si maggiore. Ma ciò non ha niente a che fare con il Preludio, e nemmeno con il Preludio del Terzo atto.

Chéreau

Ma, secondo te, la stabilità armonica finale a che cosa fa riferimento?

Barenboim

Non so, ci dovrei pensare. Non so se esista una relazione evidente fra il si maggiore della fine e tutto quello che è successo prima.

Chéreau

Un elemento che non hai menzionato, e che come ascoltatore di Wagner per me è interessante, è la sua polifonia. Pensi che anche questa sia una caratteristica del *Tristano* o del suo Preludio?

Barenboim

Il contrappunto, di per sé, non è un elemento fondamentale nel *Tristano*. Nei *Maestri cantori* lo è molto di più. A mio parere nel *Tristano* si tratta più di un dialogo fra la melodia e l'armonia. Fra la melodia, che si svolge lineare ed è messa in relazione al peso dell'armonia, che è un peso verticale e che cade sulla linea orizzontale. La grande tensione musicale fra il peso verticale dell'armonia e lo sviluppo orizzontale della melodia nel *Tristano* viene accentuata al massimo. Ogni volta che appaiono, questi complessi accordi verticali cambiano tutto quello che si è sentito fino a quel momento, mutando anche la disposizione verso quello che verrà dopo. Penso che sia questo il punto più importante della tensione nel *Tristano*.

Chéreau

Tu pensi che questa funzione strutturale dell'armonia in Wagner si appoggi anche all'orchestrazione, per rendere il tutto più evidente all'ascoltatore?

Barenboim

Sì, l'orchestrazione è molto fine nel *Tristano*. Non è un'opera *bombastic*, non è un'opera da *fortissimo*, è un'opera sottile, dove i *fortissimo* vengono utilizzati in modo misurato. Basta guardare il Primo atto: salta agli occhi quanta parte sia in *piano* e in *pianissimo*.

Ma questa è una caratteristica particolare del Primo atto; nel Secondo e nel Terzo ci sono naturalmente molti passaggi *forti*.

3.
Presentazione musicale dei personaggi

Stati d'animo dei protagonisti. Dialettica wagneriana fra testo e musica, fra intuizione e calcolo.

Barenboim
In Wagner – nel *Tristano* e più in generale – mi affascina la musica di preparazione che precede il personaggio prima che inizi a cantare o a parlare. Non si tratta di una descrizione del carattere, ma piuttosto di un'espressione del suo stato d'animo. In questo il teatro si distingue dalla musica. È evidente che in teatro puoi fare molte più cose per comunicare e creare l'atmosfera.

Chéreau
Nel mio lavoro teatrale a volte chiedo agli attori di non lanciarsi subito nella battuta e d'immaginare che forse c'è qualcos'altro da fare prima. Il personaggio può sempre decidere di parlare o di non parlare.

Barenboim
In Wagner la musica descrive non solo chi è il personaggio o che cosa sta per dire, ma anche i sentimenti che prova. La musica dà un'idea molto chiara del suo stato d'animo.

In certi casi è come se l'orchestra anticipasse. In altri, pur senza anticipare, l'orchestra trasmette lo stato d'animo del personaggio prima che lui inizi a parlare, anche se poi dice tutt'altro.

È proprio questo il problema di *Così fan tutte*. Forse la musica è sincera, mentre il testo non lo è.

Anche se non lo si può affermare con certezza, perché, a mio parere, la musica non può mai affermare una cosa sola. La musica dice una cosa e allo stesso tempo dice il suo contrario, sempre. È proprio questa una delle definizioni del fenomeno suono. Tutto dipende dalla persona che riceve. Se ascolti un disco e sei in uno stato d'animo malinconico, allora la musica e l'interpretazione di quel brano diventano per te decisamente malinconiche. Due ore più tardi, o il giorno dopo, puoi essere in uno stato di esaltazione, felice; se riascolti la stessa interpretazione dello stesso disco, ti ritroverai in essa come in uno specchio. Chi è sensibile alla musica in essa trova spesso un riflesso del proprio stato d'animo. Perciò, quando si parla di musica, in realtà si parla del modo in cui ciascuno la riceve. Anche se è la musica che spesso esalta un certo stato d'animo.

Wagner è tutto salvo che un musicista stravagante, emotivo o che lavorerebbe per intuizione. Di questo sono sicuro. Ogni aspetto è assolutamente calcolato. Secondo me, una parte del genio di Wagner sta nel fatto che lui non lascia alcuna possibilità di chiedersi se è calcolo o istinto. I due stati d'animo vanno sempre di pari passo.

Prendiamo per esempio l'orchestrazione, il peso degli strumenti. Boulez diceva che Wagner è come un macellaio: calcola che per 50 grammi di manzo ci vogliano 20 grammi di maiale. L'orchestrazione di Wagner è così. Con le diverse orchestrazioni sente meglio la trasformazione degli accordi. È come se avesse fatto un calcolo esatto: il peso della tromba è di X grammi, il peso dell'oboe di Y grammi, perciò, messi insieme, devono fare esattamente un tot.

Chéreau

Adesso vorrei chiederti come mai ci sono dei momenti nel *Tristano* in cui la stessa frase è ripetuta?

Succede, per esempio, nell'incontro tra Brangania e Isotta, nel Primo atto. La prima frase, Brangania non la ascolta.

Nel mezzo del racconto c'è un'entrata con una modulazione molto importante fatta dal clarinetto basso. Quando Isotta racconta, torna esattamente la stessa frase, ma con uno stato d'animo completamente differente, con molta energia, e a quel punto a suonare è il corno inglese.

> *Kennst du der Mutter*
> *Künste nicht?*
> (Di tua madre non conosci
> le arti?)

Barenboim

Questo è proprio interessante. È un ottimo esempio perché è molto semplice.

Chéreau

È scritto sulla medesima melodia. Le note e le parole sono le stesse.

Barenboim

Sì, e utilizzano lo stesso testo. Ma, anche se le parole sono le stesse, lei pensa un'altra cosa, e quindi Wagner le orchestra diversamente!

Vorrei citare un altro passaggio, interessante per illustrare il calcolo minuzioso di Wagner. Riguarda la differenza tra la prima e l'ultima volta in cui Tristano dice *Isotta*.

La prima volta è dopo il filtro, l'ultima quando lui sta per morire. Qui Wagner aggiunge una dissonanza nei bassi, che la prima volta non c'era. È questo lo scatto interessante, il momento di genio.

Dopo il filtro, prima lei dice *Tristano*, poi lui dice *Isotta*, e la musica continua nello sfumato. Invece nel finale, quando Isotta arriva, dice *Tristano! Ha!*, con uno stacco. Non c'è un flusso continuo, solo molta musica, una grande attesa, e poi un buco enorme. Niente testo. La musica si arresta; poi l'oboe chiude la frase. Il violoncello suona in assolo un la, che è la prima nota dell'opera. Segue un accordo con i fagotti, che trasmette per la prima volta il sentimento di un'armonia un po' stabile. A quel punto comincia l'evoluzione, come nel Preludio, ma con un senso di incompletezza, di dissonanza, che nel Preludio non si trova. Perché là la dissonanza c'è fin dall'inizio, mentre qui solo quando lui dice *Isotta* per l'ultima volta. Bisogna aggiungere che questo tema è stato ascoltato una decina di volte nell'opera, tuttavia questa è l'unica in cui c'è una dissonanza, un cambiamento, una modulazione del clarinetto basso che cambia tutto. È anche un suono prolungato. Infatti, nel Primo atto, lui dice *Isotta*, mentre nel finale dice *I—so—tta*.

Racconto tutto ciò nel dettaglio per dimostrare che in Wagner niente è intuitivo. Lui non ha raddoppiato la velocità senza rendersene conto. Tutto è calcolato. È per questo che considerare Wagner come un compositore di intensa emozionalità è insieme vero e falso.

Pur essendo così emotivo, Wagner calcola ogni cosa, e non uso il termine "calcola" in senso peggiorativo. Il calcolo serve per far funzionare tutto in maniera emotiva. Esiste una relazione tra la razionalità, la pianificazione e gli effetti. Non credo che Wagner calcolasse per fare colpo, per creare eccitazione, calcolava per raggiungere l'espressione.

Chéreau

Era consapevole che tutta l'opera aveva bisogno di una struttura, che la struttura doveva essere la più precisa possibile e che la musica permette di costruire strutture assai complesse.

Barenboim

Per me Wagner è la dimostrazione che il rigore non è un elemento che restringe, ma anzi che permette proprio di allargare.

Chéreau

C'è un altro caso che mi stupisce e mi sorprende sempre. Credo che sia dopo che hanno bevuto il filtro che si ha una variazione sullo stesso tema del Preludio. C'è un accento molto forte, poi un accordo molto più forte in sottofondo. Mentre là, nel Preludio, l'accordo conduceva a quel crescendo gigantesco che esplodeva, qui resta sullo sfondo e non usa gli stessi strumenti. Ma nel Preludio, dove tutto cresceva, esplodeva e si apriva, c'era anche una risoluzione di qualche cosa, mentre qui questo accordo è soffocato.

Barenboim

Sì, ci sono alcune questioni di cui, nel caso si trattasse di un altro compositore, si potrebbe pensare che le ha trascurate o non se ne è reso conto.

Per esempio quella storia del mi diesis e del fa diesis nel Preludio del Primo atto. Quando a suonare è il violino, c'è una *croma* più corta di quando verrà ingerito il filtro alla fine dell'atto. Tuttavia non penso che si tratti di una svista. Wagner lo ha calcolato, ne ha sentito la necessità. E a quel punto il musicista ha la responsabilità di chiedersi perché. E non può dire che preferisce che sia della stessa lunghezza e cambiarla. Questo non si può fare. Deve trovare un motivo che giustifichi la differenza di lunghezza.

Dopo il filtro, segue una musica quasi atonale, alla Schönberg, che ritorna nel Terzo atto. C'è una citazione del Preludio, che poi si dissolve, quindi rimane un tremolo di timpano a cui, a poco a poco, si aggiungono gli strumenti a corda. C'è una figura degli strumenti a corda, con una durata di suono voluta, estrema, a cui non corrisponde mai una rappresentazione sulla scena. Tra tutte le messe in scena che ho visto, o a cui ho partecipato, tu sei il primo regista che segue la musica.

4.
Ricchezza dell'ambiguità tonale

Evoluzione e rivoluzione del suono. Modulazioni innovative, accumulazioni estreme delle tensioni tonali, irresolutezza dell'ambiguità armonica e smarrimento psicologico.

Barenboim

L'ambiguità nella vita può essere considerata una debolezza, mentre in musica può essere un arricchimento. Dal momento in cui c'è una dissonanza, si crea l'ambiguità: ciò offre maggiori possibilità di risoluzioni armoniche.

A mio parere, l'ambiguità nell'opera non è non sapere cosa fare, bensì avere differenti possibilità. Ed è questo che crea la tensione. È evidente che esiste un numero enorme di sonorità, che esistono modi differenti di produrre il suono, in ogni atto. Esiste – per così dire – una chiave della sonorità. Non voglio dire una sonorità di base, ma una chiave per la sonorità necessaria a ogni atto, che ogni volta è differente.

Sono convinto che il Secondo atto abbia meno bisogno di durezza sonora rispetto al Primo, che è pieno di accenti. Gran parte del Primo atto è scritta molto *piano*, anche se ci sono passaggi scritti molto *forte*. Nel Primo atto ci sono quindi delle interruzioni e non si ha la stessa continuità del suono che si trova nel Secondo. Qui, anche quando i personaggi litigano, quando si raccontano le storie, anche nella Prima scena di Brangania e Isotta e, in seguito, nella prima parte della Seconda scena fra Tristano e Isotta, si ha una continuità del suono che è differente da quella del Primo atto. Se dal punto di vista del suono il Primo atto è rivoluzionario, il Secondo atto è in evoluzione, ci sono lunghe trasformazioni e grande continuità.

Spesso anch'io mi sono posto la tua stessa domanda sul Preludio del Terzo atto. In questa musica, che cosa dà la sensazione che molto tempo sia passato? Ci sono vari elementi, ma non ciò a cui si pensa di solito, come il volume o la velocità; infatti il Preludio del Terzo atto è abbastanza lento. Già nel Secondo atto la musica era lenta, anche nel Preludio del Primo atto, ma era un altro tipo di musica. Non si tratta, perciò, di una questione di dinamica o di velocità.

Anche l'armonia è differente: siamo d'improvviso in fa minore (una tonalità strana in un'opera scritta in la).

Quando si parla del *Tristano* si pensa all'atonalità alla Schönberg. Non è corretto, piuttosto si deve parlare di tonalità tirata al massimo, come un elastico. Ciò significa che poi le possibilità di sviluppo armonico sono moltiplicate. E l'atonalità ne sarà una conseguenza. Tuttavia questo non è il cammino di Wagner verso l'atonalità.

Ed è chiaro. Lui ha scritto un Finale della versione da concerto per il Preludio del Primo atto, che però non si suona mai. Non so perché, dato che invece la versione tradizionale del Preludio, insieme alla Morte di Isotta, vengono spesso eseguiti in concerto. Questa insolita versione del Preludio finisce in la maggiore (invece del la bemolle in cui finisce la versione tradizionale), implicando forse che sia questa la tonalità nascosta di tutto il Primo atto.

Poi c'è il Secondo atto che finisce in re minore. Ed è molto chiaro, perché la maggiore e re minore sono legati.

Poi c'è questo fa minore, quando comincia il Terzo atto. Si inizia su un terreno armonico del tutto strano, mentre la fine del Terzo atto è in si maggiore.

La tonalità è un elemento fondamentale della musica perché, una volta che è stata definita, dà anche a chi non la legge, ma è sensibile, la sensazione di essere a casa propria. Ecco perché quando la tonalità viene modulata si sa che si va altrove e che ci si trova su un terreno che non è il proprio, quindi meno sicuro.

Ti faccio un esempio semplice. È come quando si è a casa propria e poi si comincia a uscire e a vedere ambienti che non si conoscono. Si diventa meno sicuri, perché non si sa che cosa si troverà fuori, mentre a casa si sa che cosa contiene ogni stanza.

Tonalmente parlando, questa relazione tra essere a casa propria o essere vicini a casa propria viene superata. Con Wagner si è altrove, e durante quasi cinque ore di musica il compositore gioca su questa sensazione di essere vicini o essere lontani, e sulla direzione che si potrebbe prendere.

Il famoso *accordo del Tristano*, all'inizio, non è stato posto in quel punto solo per creare una tensione, piuttosto per offrire varie possibilità di risoluzione. Wagner non ne adotta nessuna, non risolve mai completamente l'accordo. Lo risolve solo a metà, e questo dà la possibilità di un altro tentativo. Poi si accumula ancora e così si finisce per avere un'accumulazione di semi-risoluzioni...

D'altra parte questo non è un elemento tragico. Potrebbe anche esserne una componente – salvo che non è il caso nel *Tristano* – anche se il principio è lo stesso.

È come rispondere a una domanda con un'altra domanda, che è poi il principio alla base della storiella ebraica. Chiedono a un ebreo: "Perché voi ebrei rispondete sempre a una domanda con un'altra domanda?". Lui risponde: "Perché no?".

In effetti è così. Questo principio del non risolvere, una volta dopo l'altra, apre ad altri sviluppi. Non è né un elemento tragico né un elemento comico. Per Wagner è solo un elemento della costruzione.

Chéreau

Di una costruzione che fa anche in modo che l'azione non si fermi, e che, per progredire, si sviluppi sempre qualche altro aspetto.

Barenboim

L'ambiguità armonica nel Preludio del *Tristano*, per esempio, non è mai veramente risolta, lo è solo a metà. Restano infatti residui di tensione che permettono di continuare. Allora si crea un'altra tappa sulla precedente, ed è una crescita, un'accumulazione senza limiti.

Perciò si dice che la domanda posta da Wagner con il celebre accordo iniziale trova la propria conclusione solo dopo quattro ore e mezzo di musica, con gli ultimi accordi, alla fine dell'opera; quando finalmente si trova il vero riposo armonico. Come se la risposta armonica definitiva arrivasse soltanto con la morte.

5.
Modulazione e concezione del *tempo*

Il principio della fluttuazione della velocità della musica. Costruzione matematica delle variazioni di tempo *e dinamica. L'accumulazione di tensione armonica.*

Barenboim

Nel suo libro *Über das Dirigieren* (*Del dirigere*), che per me resta uno dei testi principali sull'idea di fare musica, Wagner parla della possibilità di una flessibilità del *tempo*, della velocità della musica (anche se deve restare impercettibile), e di quanto essa sia necessaria per comprendere il *melos* (l'aspetto melodico della partitura).

Credo che il *tempo* svolga un ruolo fondamentale. A mio avviso, la decisione sul *tempo* dell'esecuzione è forse la decisione più importante che un musicista può e deve prendere. Ma è essenziale che sia presa al momento giusto, cioè dopo aver analizzato ed esaminato il contenuto sonoro. Se si decide il *tempo* all'inizio del lavoro di preparazione, poi se ne diventa schiavi. Si può regolare un metronomo e provare a valutare quanta musica può essere eseguita a quella velocità. È evidente che si deve avere un'idea dei brani veloci, dei lenti, dei meno veloci o dei meno lenti. Ma la decisione finale dev'essere presa solo quando si hanno veramente tutte le informazioni, quando la conoscenza del volume e dell'intensità sonora presenti in tutta la musica da eseguire è stata assimilata.

Prendere la giusta decisione è fondamentale. Se infatti ci sono troppa tensione e molto materiale da far ascoltare, e se si suona con troppa velocità, si riesce a trasmettere solo la metà delle cose. Mentre, se si suona con troppa lentezza, tutto si sfilaccia, la tensione si perde. La decisione sul *tempo* è quindi molto importante. Ma deve arrivare alla fine, quando davvero tutto è stato compreso.

Inoltre, in tutti i dialoghi – per non dire i duetti, sia tra Wotan e Brunilde che fra Tristano e Isotta e tra Brangania e Isotta – c'è sempre il principio della fluttuazione del *tempo*.

Questo significa che ci sono tre tipi di *tempi*.

Il *tempo* verticale, metronomico, per così dire militare, che non si sposta né a destra né a sinistra, che non tira indietro e non spinge in avanti.

Poi c'è esattamente il *tempo* con una tendenza a tirare indietro, e quello con una tendenza a spingere in avanti.

In tutti i duetti di Wagner è essenziale individuare il personaggio che tira indietro e quello che spinge in avanti.

Nel Secondo atto, nella scena con Brangania e Isotta, a tirare indietro è Isotta e a spingere in avanti è Brangania. Infatti quest'ultima vuole che l'altra si renda conto della situazione difficile in cui si metterà. Nella scena principale del Primo atto, quando alla fine appare Tristano, avviene esattamente il contrario: è Isotta che va sempre più veloce, che ha la tendenza a spingere. Non si tratta di cambiare il *tempo*, ma di lasciargli la fluttuazione necessaria per dare l'illusione che lei vada avanti e che Tristano tiri sempre indietro.

Perciò, se si usa un metronomo, la musica deve allinearvisi all'inizio e alla fine, ma non nel mezzo. Perché se musica e metronomo vanno di pari passo, significa che non vi è fluttuazione. E ciò è molto semplice da controllare. Se si prende un *tempo* e, nella Quinta scena, si resta rigorosamente inflessibili fra Tristano e Isotta, non si riuscirà a esprimere nulla di tutto quello che si dice e di tutto quello che c'è nella musica. Per questo la decisione è fondamentale. Ed è evidente che debba essere sempre legata a ciò che si dicono e allo stato di controllo di ogni personaggio. Quando arriva, Tristano ha il controllo della situazione perché non vuole dire niente...

Chéreau

Si ritrae perché non vuole mostrare nulla.

Barenboim

È un po' reticente e questo fa impazzire Isotta. Ogni volta che lui inizia a parlare, lei ha la volontà di andare avanti. Però non bisogna esagerare, perché lui non vuole mostrare niente, tira un po' il *tempo* indietro ma non lo cambia. Se si esagera, si interrompe la logica musicale. Questa tendenza tuttavia deve esserci. Wagner si riferisce proprio a questo quando parla della fluttuazione del *tempo* per esprimere il *melos* nella musica.

Chéreau

C'è una scena affascinante, secondo me una delle più affascinanti del *Crepuscolo degli dei*, che è la Prima scena del Secondo atto, un dialogo fra Alberich e Hagen, dove il primo canta più o meno al doppio della velocità del secondo.

Barenboim

Esattamente il doppio. In Wagner ci sono cose importanti nella relazione con il *tempo*.

Una di queste è quando c'è una relazione del doppio o della metà. Per esempio, nel Terzo atto, quando Tristano si sveglia: è esattamente il doppio del passaggio precedente. È lo stesso *tempo* (la velocità di base resta la stessa), ma doppio.

D'altra parte, questo principio esisteva da molti anni. In pratica, tutti i finali di Mozart sono in un solo *tempo*. È sempre il doppio o la metà, ma comunque un solo *tempo*. Tutta la tensione del finale nel Primo atto del *Don Giovanni* deriva proprio dal fatto che c'è una velocità di base che resta la stessa, con un raddoppio o con un dimezzamento.

L'altro aspetto è il cambiamento di *tempo*. Quando in Wagner ce n'è uno reale si verificano due casi. Ci può essere una transizione che porta al doppio del *tempo*, se si parte dal più veloce e si scende al più lento, per cui si rallenta in maniera perfettamente graduale, e poi, alla fine del rallentamento, ci si trova già nel nuovo *tempo*; oppure, quando il *tempo* è la metà, e quando allora si rallenta, bisogna fare un rallentamento tale che alla fine si abbia il doppio. Cioè, alla fine del rallentamento, la *croma* diventa uguale alla nuova *semi-minima*. Ma sulla transizione non ci sono indicazioni precise.

È lo stesso problema della velocità dei cambiamenti nella dinamica. Quando c'è poco tempo, un *crescendo* si fa in maniera differente: bisogna farlo in modo molto veloce, altrimenti non ci si arriva. Bisogna calcolarlo esattamente, matematicamente. Se si hanno otto misure, allora si può salire con gradualità.

La stessa cosa capita con il *tempo*: alla fine di un suo cambiamento, bisogna arrivare a una relazione matematica. Non è una cosa istintiva che si può fare secondo il proprio stato d'animo o secondo la sensazione che se ne ha. Lo stato d'animo, a volte, ti fa fare tutto un po' più veloce o tutto un po' più lento. Il principio della relazione matematica nel cambiamento di *tempo*, come nel caso della velocità della dinamica, del *crescendo* e del *diminuendo*, deve essere il risultato di un calcolo preciso.

La prima misura della partitura del *Tristano*, sul *crescendo*, è calcolata perfettamente nella sua velocità. All'inizio, il violoncello deve eseguire il *crescendo* in modo che, alla fine dell'ultima nota della prima misura, ci sia l'accordo con tutti i legni che suonano in quel momento. Cioè si accumula, come una spirale. Se si va da un punto all'altro, e ci sono sei *crome*, non si deve aumentare la velocità di un quindici per cento a ogni *croma*, si dovrà aggiustare alla fine del passaggio. Bisogna avanzare a spirale. Si deve ottenere un'accumulazione calcolata nella velocità della dinamica.

Nel Secondo atto abbiamo un altro esempio, nel duetto d'amore, dopo il secondo avvertimento di Brangania (*Habet acht!* State in guardia). Una prima volta la stessa musica era stata ascoltata dopo il primo avvertimento di Brangania, quando Isotta risponde: *Lausch, Geliebter!* (Odi, amato!). Secondo me, è quasi evidente che quando la stessa musica ritorna per la seconda volta (e questa volta Tristano risponde: *Soll ich lauschen?* Devo udire?), e perciò la si riascolta, il *tempo* deve essere un poco meno lento rispetto alla prima volta, anche se non è scritto. Ma deve restare impercettibile, infatti ci deve essere una certa fluidità, soprattutto perché è un qualche cosa che si conosce già. L'armonia è cambiata, ma la melodia è la stessa.

Le melodie sono le stesse, ma il passaggio è ormai in un'altra tonalità, più alta. Questa è la modulazione.

In una sinfonia di Mozart, lo stesso tema ritorna tre, quattro o cinque volte senza modulazione, proprio per stabilire il senso del trovarsi a casa propria in questa tonalità. Poi si ha la stessa nota in un'altra tonalità, dove lui ha modulato. È esattamente la stessa parola, in un'altra situazione.

La grande unità del Secondo atto del *Tristano* è proprio questa: il rapporto della modulazione armonica con la trasformazione del *tempo*, con la variazione dello stato d'animo. Questo non può essere frutto del caso. Non è un momento di ispirazione. È chiaro che è completamente costruito.

6.
Memoria dell'ascolto

Accumulazione di tensione. Registrazione inconscia di diverse trasformazioni. L'ascolto retrospettivo.

Barenboim

Credo molto alla memoria dell'orecchio. E sono convinto che spesso Wagner costruisca la musica indirizzandosi a questa capacità dell'ascoltatore. Vorrei dartene un esempio importante.

Nel Secondo atto, dopo tutta la conversazione iniziale fra Tristano e Isotta, arriva il grande momento del duetto d'amore:

O sink hernieder,
Nacht der Liebe
(O quaggiù scendi,
notte dell'amore).

Poi sale la tensione. C'è l'intervento di Brangania che dice:

Habet acht!
Habet acht!
Bald entweicht die Nacht
(State in guardia!
State in guardia!
Ecco, già cede la notte).

Isotta risponde:

Lausch, Geliebter!
(Odi, amato!).

Poi il duetto d'amore si sviluppa di nuovo. In seguito, c'è un secondo intervento di Brangania che sollecita:

Habet acht!
Habet acht!
Schon weicht dem Tag die Nacht!
(State in guardia!
State in guardia!
Già la notte cede al giorno!).

Chéreau
E ritorna la stessa musica.

Barenboim
La musica ritorna, questa volta un semitono più alto. Prima era nella dominante di sol bemolle, ora è in sol maggiore, quando Tristano risponde:

Soll ich lauschen?
(Devo udire?).

Chéreau
E là il dialogo è invertito.

Barenboim
Sì, è invertito, è un semitono sopra. Dopo, con Marke, e questa volta senza Brangania, è ancora un semitono sopra.
Non penso affatto che tutto questo sia effetto del caso.
All'inizio, dopo il primo intervento di Brangania, Isotta dice:

Lausch, Geliebter!
(Odi amato!),

e lui:

Lass mich sterben!
(Fammi morire!).

Poi ancora si parlano:

So stürben wir
(Moriremmo così).

Quindi c'è un secondo intervento di Brangania:

Habet acht!
Habet acht!
(State in guardia!
State in guardia!).

Adesso è lui che risponde *Soll ich lauschen?* (Devo udire?). Ed è un semitono sopra del precedente *Lausch, Geliebter!* (Odi amato!) di Isotta.

In seguito c'è il grande intervento di Marke, e quando tutto si ripete per l'ultima volta, è ancora un semitono più alto.

C'è un lungo passaggio orchestrale di un'ambiguità disorientante, espressa musicalmente con un mezzo molto semplice, quello della *enarmonia*. Cioè, il si bequadro dall'alto diventa un do bemolle, che poi diventa un do naturale, presente nell'accordo del la bemolle maggiore, nel punto in cui Tristano dice:

Wohin nun Tristan scheidet,
Willst du, Isold', ihm folgen?
(Dove ora Tristano s'avvia,
vuoi tu seguirlo, Isotta?).

Credo molto alla memoria dell'orecchio. È ciò che determina tutta l'estensione in musica, l'accumulazione, la ripetizione. Dalla musica più classica alla musica più moderna, c'è spesso l'uso della ripetizione. L'orecchio è un organo della memoria; sono convinto che, più o meno consapevolmente, chi ascolta si rende conto che in quel passaggio la musica è la stessa, ma che è modulata ed è passata a un semitono più in alto. Anche se la si ascolta molto tempo dopo, si ha la sensazione che sia la stessa ma, ormai, leggermente differente. Come quando si dice la stessa cosa, usando le stesse parole, ma con un'altra intensità di voce.

Chéreau

C'è un'importante sequenza, in seguito alle due raccomandazioni di Brangania. La prima volta è così:

Isotta: *Lausch, Geliebter!* (Odi amato!)
Tristano: *Lass mich sterben!* (Fammi morire!)
Isotta: *Neid'sche Wache!* (Gelosa vedetta!)
Tristano: *Nie erwachen!* (Mai più svegliarsi!).

Mentre la seconda volta è esattamente il contrario:

Tristano: *Soll ich lauschen?* (Devo udire?)
Isotta: *Lass mich sterben!* (Fammi morire!).

Ma questa volta c'è una didascalia del compositore: *Tristano sorridendo, piegato su Isotta.*

È lei che adesso gli risponde, ed è per questo che prima dicevo che lei ha imparato la lezione:

Lass mich sterben
(Fammi morire).

Quindi lei riprende le parole che lui le ha già detto.

Lui le dice:

Muss ich wachen?
(Devo star sveglio?),

e lei risponde:

Nie erwachen!
(Mai più svegliarsi!).

Questa volta è lei che lo dice. È il contrario. Poi Tristano:

Soll der Tag
noch Tristan wecken?
(Però il giorno
desterà Tristano ancora?),

ed è lei che gli risponde:

Lass den Tag
dem Tode weichen!
(Fa' che il giorno
ceda alla morte!).

Ciò significa che era necessaria questa ri-verifica di *Lass mich sterben!*, detta da lei, perché insieme possano attaccare a due:

O ew'ge Nacht
(Eterna notte).

E poi, quando arriva Marke, lui gli dice:

O König, das
kann ich dir nicht sagen;
und was du frägst,

das kannst du nie erfahren
(O re, non io
questo posso dirti;
e ciò che tu domandi,
non potrai mai comprendere).

Poi si rivolge a Isotta, stessa musica, e le dice:

Wohin nun Tristan scheidet,
willst du, Isold', ihm folgen?
(Dove ora Tristano s'avvia,
vuoi tu seguirlo, Isotta?).

C'è un gusto dell'invenzione di concetti, e poi un confronto con lei e un'ultima verifica: "Vuoi andare verso quella notte che io ti propongo?".

Barenboim
È vero che la musica si ascolta nel momento in cui viene suonata, ma l'orecchio fa sempre il confronto con le note precedenti, con ciò che c'è stato prima. La memoria dell'ascoltatore è importante.

Per esempio, consideriamo il punto culminante nel Preludio del *Tristano*, alla lettera C nella partitura. L'ascoltatore non lo percepisce solo perché è un punto culminante, ma ne riceve una carica di intensità e tensione ancora maggiore proprio perché esiste un processo musicale che lo precede. Quindi, nel momento in cui si ascolta un accordo, si è in grado di rielaborare tutto ciò che precede. In altre parole, la musica agisce sempre, sia sull'ascoltatore sia sul musicista, anche in maniera retrospettiva. Perché già la seconda nota di un'opera ha un passato, un presente e un futuro.

I GRANDI TEMI

1.
Dialettica del giorno e della notte

La contrapposizione non è meccanica. Il giorno come duplicità del luogo pubblico. La notte come luogo della verità e spazio interiore dell'anima.

Chéreau

La dialettica tra i due concetti non è retorica. È vero, la notte è sempre magnifica e in un certo modo è assimilata all'interno dell'anima. È l'oscurità, ma non è mai lugubre né tragica. È tranquillizzante ed è il luogo della verità. È un concetto positivo.

Tuttavia il giorno non è sistematicamente negativo. Per esempio, nel Terzo atto, è il giorno che bisogna attendere, con il giorno Isotta apparirà.

Quando Isotta arriva, Tristano dice: *hör' ich das Licht?* (odo la luce?).

Devo confessare che, fino ai mesi di luglio-settembre, mi sono sbagliato nell'interpretazione, pensando che questa dialettica fosse meccanica. Ossia che il giorno fosse negativo, totalmente negativo, e la notte fosse totalmente positiva.

La notte è sempre positiva, accoglie sempre il luogo della verità. Mentre il dramma, il problema del giorno, è che esso è ambiguo, ma non negativo. Ovvero può essere gioioso oppure falso e nello stesso tempo è il luogo in cui si è costretti a vivere. Tristano nel Terzo atto dice: "Sono stato ingannato dal giorno". Il giorno non è necessariamente portatore di menzogne, ma di duplicità sì.

Anche se non sempre. In un passo Tristano dice: "Ho dovuto soccombere alle tentazioni del giorno, alle convenzioni della gloria e degli onori". È un'affermazione per quella circostanza, ma non è valida per tutta l'opera. Altri aspetti sono invece validi per tutta l'opera. La notte, dopo che loro l'avranno scoperta e in essa si saranno rifugiati, è sempre bella, da raggiungere, è sempre ricca di valore. Il giorno, invece, in quella circostanza, è malvagio.

Tristano nel suo discorso dice più o meno così: "È a causa del giorno che ti ho ingannata". Lui cerca di difendersi, in una situazione da cui non c'è via d'uscita. Ce lo siamo già chiesti: per quali motivi è andato a cercare Isotta, e soprattutto perché in precedenza aveva convinto Marke a sposare una donna, proprio quella donna, e poi lui stesso è andato a cercarla?

Mi ostinavo a dire che la sua autodifesa non è per niente chiara, che lui non è un buon avvocato per la sua causa. Ne è una prova la seconda versione dei fatti, un po' differente, che presenta alla fine del Secondo atto.

A questo proposito, con la sua sensibilità femminile, Waltraud Meier mi ha detto una cosa decisiva: "Forse tu hai ragione, ma in quel momento dell'opera [a metà del Secondo atto], quando Tristano mi dice questo, mi convince e mi basta". Mi è sembrato ottimo. Ciò che lei dice è giusto, molto pragmatico. Isotta sa che è falso, tuttavia in quel momento lui ha trovato le parole che l'hanno convinta. E a lei va bene così. Quando Waltraud me l'ha detto, l'ho abbracciata e le ho ribattuto: "Hai completamente ragione, farò anch'io la stessa cosa".

È la celebre spiegazione di Tristano all'inizio del Secondo atto, dopo: *Der Tag! Der Tag!* (Il giorno! Il giorno!):

Was mir so rühmlich
schien und hehr,
das rühmt, ich hell
vor allem Heer;
vor allem Volke
pries ich laut

der Erde schönste
Königsbraut.
Dem Neid, den mir
der Tag erweckt';
dem Eifer, den
mein Glücke schreckt';
der Missgunst, die mir Ehren
und Ruhm begann zu schweren:
denen bot ich Trotz,
und treu beschloss,
um Ehr' und Ruhm zu wahren,
nach Irland ich zu fahren.
(Ciò che famoso
mi parve e sublime,
lo esaltai chiaro
davanti alle schiere;
davanti al popolo
gridai l'elogio
della regale sposa
più bella della terra.
All'invidia che il giorno
contro me destava;
al rancore, che
la mia gloria turbava;
al sospetto che a me onori e fama
ormai faceva pesanti:
a tutto volli oppormi
e costante decisi,
per tutelare onori e fama,
di muovere verso l'Irlanda).

Quindi il rapporto tra giorno e notte non è così meccanico. Non è una dialettica alla Brecht: uno è cattivo, l'altra è buona, o qualcosa di simile. È più complicato e anche più interessante. La notte è univoca, e assume sempre lo stesso significato. Il giorno invece è ambiguo.

Tristano spesso assimila il giorno alla gloria, agli onori e alle convenzioni. Nella musica ci sono perfino accenti un po' militari, che però non sono più ripresi in seguito. Anche la figura dell'eroe è un riferimento presente nel Primo atto.

Barenboim

Nel Primo atto, quando Kurwenal interviene, la musica può diventare assai ritmata. Ritmata, sì, ma non militare.

Chéreau

Sembra più militare quando dice:

> *Sein Haupt doch hängt*
> *im Irenland,*
> *als Zins gezahlt*
> *von Engeland:*
> *hei! unser Held Tristan,*
> *wie der Zins zahlen kann!*
> (Pende la testa
> nella sua terra,
> ecco il tributo
> dell'Inghilterra:
> salve a Tristano nostro campione,
> che tale paga contribuzione!).

Ma il tono non è solo militare. C'è anche la nozione di servire lo stato. Infatti si fa riferimento alle grandi cerimonie pubbliche in cui è stata giurata la pace. Però è anche vero che nel Primo atto non si parla solo di questioni pubbliche, si parla pure di questioni militari: la decisione della pace in seguito al combattimento, alla guerra. E si parla di Tristano come di un eroe di guerra. Allora, per riprendere quel concetto – il giorno è suscettibile di discussioni, che possono condurre a differenti significati e valutazioni: il giorno può essere *interpretato*.

2.
L'amore

Devozione di Kurwenal e re Marke per Tristano. Lenta scoperta di un linguaggio comune fra Tristano e Isotta. I quattro incontri: dal primo sguardo al raggiungimento della completa intesa metafisica nella "morte d'amore". Tristano converte Isotta alla sua filosofia della notte eterna.

Chéreau

Molto spesso l'amicizia è stata considerata uno dei temi principali del *Tristano*: per esempio, il legame fra Tristano e Marke. Tuttavia non ritengo che sia uno dei temi fondamentali dell'opera.

Non parlerei di amicizia, piuttosto di devozione: di Kurwenal per Tristano, di Brangania per Isotta. Anche se, nel Primo atto, Kurwenal e Brangania sono personaggi ciechi e indecisi, che provocano tragedie e disastri. E amicizia non è nemmeno la parola giusta per caratterizzare il rapporto fra Marke e Tristano. Marke afferma in maniera esplicita che, da quando Tristano è con lui, non vuole più sposarsi per non avere altri figli. Quindi Tristano per lui è un vero figlio, anche se adottivo. Il testo di Marke, alla fine del Secondo atto, è assai interessante. Al di là della collera verso Tristano, al di là del tradimento di quest'ultimo, Marke ci parla della virtù, del coraggio, della fedeltà di Tristano, e riesce a chiarire l'amore, la profonda relazione fra loro due. Una relazione intensa, anche se alla fine crolla e restano solo rovine, le rovine dell'amicizia e della fedeltà, la distruzione totale dei legami precedenti. Quindi l'amicizia non la vedo, mi sembra un termine troppo debole.

Durante le prove ho verificato aspetti del *Tristano* che già conoscevo ma che andavano ancora sperimentati e discussi, perché questa è un'opera che non si può realizzare senza un lungo periodo di studio. E durante tutto l'anno precedente l'inizio delle prove ho cercato di approfondire il testo. Ho cercato di raccontarmi la storia e di capirne tutti gli elementi, anche andando al di là della sola parola "amore".

"Amore" è un termine riduttivo in riferimento al *Tristano*. I due protagonisti lo usano e lo definiscono sempre in un modo diverso. La grande discussione del Secondo atto è, per quaranta minuti, su come trovare un linguaggio comune, un'intesa completa, profonda, metafisica, sull'obiettivo che si vuole dare alla propria vita, su come vivere o non vivere, ma insieme.

Il mio lavoro è consistito solo nel raccontare la storia bene e in maniera corretta. Nel Primo atto, la cosa interessante è che uno dei personaggi (Isotta) parla troppo, mentre l'altro (Tristano) non parla abbastanza, anzi, non parla affatto. In questo senso il *Tristano* rispecchia la maggioranza delle relazioni amorose. Anche se, nell'opera, i due non sanno nemmeno che l'altro è innamorato. Tristano e Isotta non sanno proprio niente l'uno dell'altra.

Ritorniamo al loro primo incontro, in cui non sono state pronunciate parole, al primo sguardo, avvenuto da cinque a dieci anni prima. Tristano e Isotta si sono guardati ma non si sono detti niente.

Molti anni dopo lui è andato a cercare lei per conto di un altro uomo. Lei pensa che lui la odi e lui pensa che lei odi lui. Tutto il discorso di Isotta nel Primo atto ha lo scopo di far sì che Tristano percorra la nave fino a prua contro la sua volontà, per parlare con lei. La prima scena fra loro comincerà solo grazie al ricatto di Isotta (che minaccia di non scendere a terra se lui non verrà da lei per bere e chiederle perdono).

Tuttavia bisogna essere consapevoli che si tratta di due persone che non si sono mai conosciute veramente e che, in tutta la loro vita, si incontreranno per un massimo di quattro volte.

La prima volta, quella dello sguardo, circa dieci anni prima. La seconda volta, quando bevono il filtro, che è l'occasione del vero incontro. Il loro piano era di morire e di fare arrivare a terra una nave con due cadaveri. Ciò non avviene, perché nel filtro non c'era veleno. E quindi, negli ultimi cinque minuti del Primo atto, possono finalmente svelare quello che pensano l'uno dell'altra. La terza volta si ritrovano due o tre mesi dopo, durante i quaranta minuti del Secondo atto. E poi non si vedranno più fino al momento della loro morte, al termine dell'opera. Solo nel duetto del Secondo atto Tristano e Isotta riescono a costruire un loro discorso comune e a raccontarsi la loro storia, attraverso le visioni del giorno e della notte.

Ho cercato di interpretare questo dialogo nel modo più corretto possibile e ho tenuto come riferimento costante il testo, che Wagner ha scritto con intelligenza acuta e con dialettica incalzante. E ho provato ad arrivare finalmente a quella loro intesa, basata su due concetti fondamentali: quello di non svegliarsi mai più (*Nie erwachen!*), suggerito prima da Tristano e subito dopo acquisito da Isotta; e poi il concetto del *Liebestod*, la morte d'amore, alla quale arrivano alla fine del Secondo atto.

Barenboim

Tristano e Isotta si erano visti e si erano innamorati, anche se non ne erano consapevoli. E quindi non ne avrebbero mai parlato. Wagner introduce la soluzione ambigua del filtro magico che tu, Patrice, nel tuo allestimento hai rappresentato in maniera meravigliosa. Tuttavia non penso che l'esplosione del loro amore sia causata solo dal filtro magico.

Chéreau

No. Non possiamo sapere che tipo di sguardo si siano scambiati dieci anni prima, quando Isotta aveva curato Tristano. Si erano guardati soltanto. Cos'era questo sguardo?

Uno sguardo di riconoscenza da parte di Tristano? E per lei, che tipo di sguardo è stato? Lo sguardo verso il suo peggior nemico, colui che le aveva ucciso il promesso sposo Morold?

Sappiamo soltanto che lei avrebbe voluto uccidere Tristano con la spada, ma che non ce l'ha fatta. E che non sa che cosa lui ricordi. Non ne hanno mai parlato. Infatti quando lui le dice: "Se Morold ti fosse tanto caro, allora prendi questa spada, tienila bene e questa volta non lasciarla cadere", è un modo per farle sapere che lui ricorda le circostanze del loro primo incontro. Lei non lo sapeva. Non ne hanno mai parlato. Sono dei nemici assoluti. Anche perché, in seguito, lui ha fatto la cosa peggiore che avrebbe potuto fare, dal punto di vista di Isotta: dopo quello sguardo, dieci anni dopo, Tristano arriva per cercarla e portarla via come prigioniera di guerra, per farle sposare un altro. E lui decide che, durante i sette, otto giorni di traversata, non andrà mai a prua a cercarla. È un dolore per lei, lo comprendiamo dalla musica, è un dolore tremendo, di totale impotenza. Ma è una sofferenza mostruosa anche per lui, di cui non sappiamo niente. Perché lui non parla. Anche se potesse, non parlerebbe mai. Infatti, secondo me, nel Secondo atto è lei che lo induce a parlare, mentre lui la converte alla sua filosofia della notte eterna. È una sorta di conversione religiosa. Lui la converte a un certo tipo di misticismo, quello dell'amore per la morte, dell'amare il non voler più vivere.

Barenboim

La morte come continuazione in un'altra dimensione...?

Chéreau

È quello che supponiamo, ma non lo sapremo mai.

3.
Lo sguardo: amore o riconoscimento?

Avvicinamento di due sconosciuti: pietà, tradimento e colpa, inimicizia, vendetta, riconoscimento dell'altro, amore.

Chéreau

Non sappiamo come fosse quello sguardo. Non sappiamo ciò che ciascuno dei due ha visto nello sguardo dell'altro, non sappiamo nemmeno se si trattava di amore o di riconoscenza. Da parte di Tristano può esserci riconoscenza, ne sono sicuro, perché lui è venuto in Irlanda per farsi guarire.

Barenboim

Sì, ma anche da parte di lei: lei lo perdona perché lui ha avvertito un sentimento.

Chéreau

Lei non l'ha perdonato, però la sua spada è caduta.

Barenboim

Pensi che abbia avuto pietà?

Chéreau

Il giorno della Prima ho semplicemente scoperto che, con la messa in scena che avevo previsto, sulla nave lui le dà la spada e lei è costretta a farla cadere, come le era già successo tanti anni prima in Irlanda.

Prima delle prove non ci avevo pensato. Waltraud diceva: *Wahre dein Schwert!* (Riponi la tua spada!), e posava la spada.

Poi un giorno lei è venuta, ha posato la spada e solo *dopo*, guardandola, ha detto: *Wahre dein Schwert!*.

La scena mi è sembrata migliore e all'improvviso ho detto: "Aspetta, Waltraud, ma così tu fai cadere la spada una seconda volta", e lei mi ha risposto: "Sì, è vero".

Vedi, le cose si chiariscono anche da sole, per caso.

Tristano e Isotta non si sono più rivisti dal momento in cui lei ha fatto cadere la spada la prima volta. Soprattutto non si sono mai detti che cosa questo rappresentava per loro. Infatti, sulla nave, sono ancora dei completi sconosciuti. Lei non sa che lui la ama, e lui non sa che lei lo ama. Nessuno dei due ne ha mai parlato. Lei è una nemica che lui ama alla follia, al punto da prendere l'iniziativa del tutto masochista di convincere re Marke a sposarla e di andare lui stesso in Irlanda a cercarla. È lui che ha deciso tutto.

Barenboim

E allora qual è la tua spiegazione? Perché si è comportato così?

Chéreau

Per rivederla e per provare a se stesso che non hanno un futuro. Per seppellire definitivamente le sue speranze e convincersi che quella storia è impossibile.

Barenboim

Ma perché avrebbe avuto bisogno di seppellire le sue speranze?

Chéreau

Perché la sua personalità è doppia. Ci si può innamorare alla follia di qualcuno che non abbiamo incontrato quasi mai. E un giorno, per caso, possiamo scoprire che siamo proprio sotto casa sua (di lui o di lei). A me è capitato. Che cosa facciamo? Si vede una luce. Non si prova a salire. Che cosa si spera in quel momento?

Barenboim

Che la finestra si apra.

Chéreau

Niente affatto. Si può addirittura sperare il contrario, cioè che non si apra. Si può essere terrorizzati all'idea che la finestra o la porta si aprano e che ci si ritrovi a incrociare l'altro, ma si può essere anche rassicurati dal fatto che alla fine non succederà niente. E ci si ritrova pieni di riconoscenza per se stessi, perché si è andati ad aspettare sotto quella casa. È una prova dalla quale possiamo uscire mostruosamente martirizzati, ma anche accresciuti ai nostri stessi occhi, perché è come un sacrificio. Tuttavia, nel secondo in cui la porta si apre, si può cambiare idea, e si può dire con noncuranza: "Passavo di qui per caso".

Barenboim

Si potrebbe dire che nel mondo il caso non esiste.

Chéreau

In un secondo si potrebbe dire tutto. Comunque loro non si sono mai parlati. D'improvviso lei vede arrivare Tristano in Irlanda per la seconda volta. Le parole che vengono subito in mente sono nemico e traditore. Per fortuna, nel Secondo atto, lei gli spiega perché abbia cercato di ucciderlo. Gli dice: "Ho voluto ucciderti. Tu eri arrivato come un traditore".

La cosa molto bella del Secondo atto è che loro ripercorrono tutta la storia fin dall'inizio e, alla fine, riescono a spiegarsi.

Barenboim

In precedenza forse si erano parlati. C'è tutta la vicenda di Tantris durante il loro primo incontro. Immaginiamo che ci siano stati dei contatti.

Chéreau

Ma non è neppure sicuro. Lui stava per morire. Sappiamo che lui ha pronunciato il proprio nome, un nome falso, ma niente di più. Può anche darsi che non sia successo niente. Perciò è interessante che sulla nave lei ritrovi quell'uomo su cui ha proiettato tante cose, e che l'ha sconvolta al punto da rinunciare a ucciderlo. Ma adesso, sulla nave, lui viene a prenderla per un altro. Tutti lo sanno, eppure loro non si parlano per tutto il viaggio. Per questo lei è costretta a ricattarlo per farlo andare a prua.

Tutto il problema del Primo atto è come convincere Tristano ad andare a prua senza costringere lei ad andare a poppa; e alla fine lui arriva.

4.
Il filtro e la scoperta dell'altro

Brindisi dell'espiazione: veleno o filtro d'amore? Il dialogo del Secondo atto come viaggio di riconoscimento.

Chéreau

Isotta incontra Tristano solo alla fine del Primo atto, quando ormai già si scorge la riva. Non c'è molto tempo. Lei dice che lui deve bere il *Sühnetrank*, la bevanda della riconciliazione, del perdono. E si dicono tanto poco, che lui pensa che il veleno sia solo per lui. Non immagina che sia anche per lei.

Ne beve la metà e solo allora scopre che era per tutti e due. È convinto che si tratti di veleno, ma lo beve lo stesso e pensa: "Mi conviene". Poi pronuncia parole importanti:

Tristans Ehre –
höchste Treu'!
Tristans Elend –
kühnster Trotz!
(Onore di Tristano –
suprema fedeltà!
Miseria di Tristano –
fierissima tenacia!).

È un epitaffio, un'orazione funebre. E beve.

Ed è a quel punto che lei gli dice: "No! È per noi due!".

Tristano e Isotta non si sono mai parlati. Infatti il dialogo del Primo atto è un non-dialogo. Prima del grande duetto del Secondo atto loro non comunicano affatto.

Barenboim

La musica lo mette magnificamente in risalto. Infatti, nel Secondo atto, c'è una continuità che non si ha nel Primo, dove tutto è spezzato.

Trovo straordinario che solo nel Secondo atto, quando si ripercorre tutto il passato, ci sia una vera narrazione continua. Quando agisci nel presente, non sai che cosa succederà, mentre quando racconti un fatto del passato, conosci tutta la storia e quindi puoi permetterti di avere una continuità, una linea drammatica.

Chéreau

Il Secondo atto è dialettico. Tristano e Isotta condividono una visione, e lei la definisce. La parola che pronuncia più spesso è: *Doch* (Ma).

> *Doch, ach, dich täuschte*
> *der falsche Trank*
> (Ma, ahimè, ti deluse
> l'errato filtro).

Riescono finalmente a elaborare e a condividere un pensiero, un'ideologia. È proprio nel Secondo atto che sperimentano la possibilità di dialogare e di costruire, insieme.

Prima non c'era stato dialogo.

Per me esistono solo i dialoghi del libretto e cerco di fare a meno delle ipotesi. Non credo ai colloqui che ci sarebbero stati prima ma di cui non è rimasta traccia. Possiamo supporre che lei abbia saputo da altri il nome di Tantris. Si potrebbero formulare ipotesi sul passato, adottare la versione che ci sembra più conveniente e che radicalizza i punti di vista, ma sarebbe pura *interpretazione.*

Cerco di partire dalle cose semplici. È evidente che Tristano sa del veleno contenuto nella bevanda che lei gli offre e che lui sta per bere. È la mia opinione, anche se non sono sicuro che di questo vi sia traccia nella musica. Tra l'analisi e la mia interpretazione è sempre necessaria una discriminazione. Cerco di separare le due cose: so qual è la mia interpretazione e so qual è l'analisi del testo. Per esempio, quando lui beve il veleno, la reazione molto violenta di Isotta è soltanto: "Lasciamene la metà", da cui deduco che lui pensasse di berlo tutto. A questo punto si può riflettere su ciò che sanno l'uno dell'altra. Lui non aveva alcun dubbio che lei volesse avvelenarlo. Il suicidio a due non era mai stato pianificato.

La cosa affascinante del testo è che presenta due persone che, quando arriva il momento, alla fine si parlano; due persone che in vita loro non lo avevano mai fatto, e allora scoprono che ci sono tante cose che non sanno l'uno dell'altra, prima fra tutte che cosa rappresentano l'uno per l'altra. Lei pensa che da parte di lui ci sia disprezzo e tradimento e che andando a cercarla lui l'abbia tradita. Sul momento lui tace e pensa che lei lo odi, e a ragione. Per cui, il nodo che devono sciogliere, la matassa che devono sbrogliare, sta proprio nel parlarsi.

Barenboim

Il Secondo atto ha questa funzione: che loro si scoprano reciprocamente.

Chéreau

Per questo dico sempre che i quaranta minuti della durata del dialogo del Secondo atto sono molto corti in confronto a una vita. In quei quaranta minuti Tristano e Isotta si dicono forse tutto quello che non si erano mai detti in dieci anni e costruiscono un avvenire comune, una volontà comune.

È normale che, quando alla fine si parla con la persona che si ama, si resti a parlare molto più a lungo. E le parole non vengono subito.

Barenboim

Bisogna scambiarsi le concezioni del mondo e i percorsi personali.

Chéreau

E vedere quali sono le divergenze e capire se si può sviluppare una prospettiva a due. E in questo devo dire che il libretto è fatto veramente molto, molto bene.

5.
Liebesnacht: Brangania, Tristano e Isotta

La "notte d'amore" alla presenza di Brangania. Accelerazione e decelerazione. Dall'esplosione d'energia sensuale alla scoperta del dialogo. La "morte d'amore": far scendere la notte, abbandonarvisi per sempre.

Barenboim

Nella tua messa in scena ci sono cose che potrebbero sorprendere il pubblico. Per esempio, nel duetto del Secondo atto, fra Tristano e Isotta c'è la continua presenza fisica di Brangania, che resta sempre al loro fianco. Di solito il pubblico è abituato a vedere Brangania discosta, su una torre, da cui guarda la scena. Inoltre, spesso la sua voce è fuori campo, quando lancia i suoi *Habet acht!* (State in guardia!). Invece qui lei resta sempre vicino agli amanti.

E poi, quando esplode la passione fra Tristano e Isotta, tu li fai girare l'uno intorno all'altra, sempre staccati, senza che abbiano mai un contatto fisico. Nella tua regia, solo alla fine, quando la musica si calma, i due riescono a stringersi, a terra.

Chéreau

Penso che sia il contrario: loro sono sempre uniti, *dialogano*, si uniscono *nella parola*. Lo scopo della mia regia nel Secondo atto è di instaurare quel dialogo e quella particolare dialettica; di sviluppare un ragionamento che, a poco a poco, si consolida tra loro due. Non è possibile mettere in scena un avvicinamento fisico (non si può restare abbracciati per quaranta minuti, anche se alcuni registi lo fanno...). Non è così semplice, perché quella scena immensa è difficile da cantare.

Sull'osservazione che hai fatto a proposito di Brangania,

la mia risposta è semplice: penso che sia l'inizio di un'idea che non è ancora realizzata del tutto. Siccome la cantante era un po' restia a restare in scena per tanto tempo, qualche volta mi ha posto la domanda: "Perché resto?". I cantanti, invece di prendere l'iniziativa e svilupparla, a volte continuano a chiedersi perché si trovino lì, e poi si fermano. Questo richiede molte energie mentali. È estenuante. E lei avrebbe fatto meglio a essere propositiva. Comunque, capita anche con gli attori. Si ritraggono dicendo: "Trovami la soluzione". Io rispondo: "Non so se questa situazione ti suscita una qualche idea, ti racconta qualcosa. Poi si vedrà". È così che sboccia qualche cosa di nuovo.

Poi, durante una prova, ho deciso che Brangania sarebbe rimasta sul palco per tutto il tempo. E questo mi ha aiutato moltissimo per il duetto; perché mi era venuta l'idea, forse ancora un po' astratta, che se c'è una terza persona che guarda, la coppia si vede meglio. Mettere sul palcoscenico due persone è più complicato, con tre diventa subito tutto più facile. Quando sul palco si hanno solo due personaggi, si ha un'immagine più misera dell'intimità rispetto a quando c'è un terzo che guarda, si allontana e si gira di spalle per non guardare. Trovo che lo sguardo da lontano dia alla coppia una maggiore intimità. Questa era l'idea. Tre è sempre meglio di due. Non so perché, ma l'ho sempre pensato.

Barenboim

La prima volta che ho visto la scena sono rimasto affascinato, perché mi sono detto: "Guardo Tristano e Isotta e li guardo direttamente. Vedo che là c'è anche Brangania, che cerca di allontanarsi". Perciò era come se io li guardassi anche attraverso di lei, e questo mi dava una distanza ancora maggiore. È come se tu guardassi triangolarmente, e il triangolo non è fra i tre personaggi, bensì tra tu-pubblico, i due amanti e Brangania. Mentre, se lei non fosse stata là, ci sareste stati solo tu e loro. È una questione geometrica.

Chéreau
È proprio questo. A volte si tratta di pure regole geometriche. Perché può essere importante equilibrare: che loro siano là in due, e che lei resti con loro, è meglio che se fossero loro due da soli, rinchiusi nel loro mondo.

Tuttavia Michelle De Young (Brangania) era inorridita alla prospettiva di dover passare loro davanti, mentre Tristano e Isotta cantavano la parte di duetto insieme. Mi ha detto: "That's illegal!". Ho risposto: "No". E allora ti ho chiesto: "Daniel, questo ti disturba?". Ma lei era terrorizzata. I cantanti sono terrorizzati all'idea di passare davanti a un collega che canta. Di solito, prima si muovono lenti e poi... via!, molto veloci. E allora io dico: "No, mantenete la stessa velocità". Ci sono poi quelli che mi dicono: "Ma così non riesco a vedere il maestro", e io dico: "Allora muoviti, ci sarà sempre qualcuno, tra il maestro e te". Chi canta, pur dovendo restare fermo, può fare un passo per vedere il direttore, non è un problema. Non li ho certo inchiodati al pavimento.

C'è un trucco che ho imparato facendo il cinema, cioè indicare sempre la direzione degli sguardi. Io non mi limito a collocare i corpi dei cantanti sulla scena. Li metto sistematicamente di tre quarti, mai del tutto di fronte, certe volte di schiena, e li faccio cantare al di sopra della spalla. Sono trucchi che creano subito una tensione maggiore. E dico anche esattamente a che punto del testo devono guardarsi o girare lo sguardo, o guardare qualcos'altro o per terra. Ho scoperto l'utilità di questo quando ho messo in scena *I racconti di Hoffmann*, una settimana dopo aver finito il mio primo film. In un film si dà sempre la direzione degli sguardi, e quando si fa un campo-controcampo, la scritta indica in che direzione bisogna guardare. Al punto che nei primissimi piani i personaggi non possono guardarsi tra loro, devono guardare un punto molto vicino all'obiettivo. Quindi si indica l'altezza, la direzione, l'avvicinamento dello sguardo. È importante definire la posizione e che cosa si deve guardare, altrimenti, se non si dice niente, in teatro gli attori si avvicinano subito e parlano tra loro. E lo stesso succede all'opera.

Barenboim
Quando si legge un testo o si parla di un argomento, si dice che si ha un punto di vista. Il punto di vista, in effetti, è quello della cinepresa. Il punto di vista è un'espressione verbale, ma indica esattamente questo concetto. Alla lettera.

Chéreau
Il Secondo atto è stato il mio problema principale fin dal 1976. Allora Paolo Grassi mi aveva già proposto di fare *Tristano* alla Scala, e per la prima volta mi aveva messo la pulce nell'orecchio: "Perché non prova a fare un *Tristano* qui?". Lui si riferiva a quello di Kleiber in programma per il 1978, che poi non ho fatto.

Ho risposto "Non so" perché era il 1976, novembre 1976. Era dopo il mio primo *Ring*. Lui non lo aveva visto, ma con un'aria complice mi disse: "Eh! Perché il Primo atto della *Valkiria*, eh!...". Ed è stato quell'*eh!* che mi ha terrorizzato. Ho risposto: "Che c'entra il Primo atto della *Valkiria*?".

La questione si è ripetuta altre volte. Anche Katarina Ligenza a un certo punto mi ha domandato: "Quand'è che fai un *Tristano*? Perché il Primo atto della *Valkiria*...".

Ebbene, a un certo momento il mio istinto mi ha detto che la gente mi proponeva di fare il *Tristano* per le ragioni sbagliate, e cioè perché avevo fatto abbastanza bene un duetto d'amore nella *Valkiria*, che in realtà non ha alcun rapporto con quello del *Tristano*.

Non sono più andato a fondo alla questione, però mi è rimasta sempre in mente, al punto che l'estate scorsa sono andato a comprare di nuovo il dvd del *Ring* e ho guardato il Primo atto della mia messa in scena. Per vedere che cos'era questo Primo atto e per essere sicuro che fosse proprio quello che non bisognava fare.

Poi, sempre con lo spettro del Primo atto della *Valkiria* o di tutte le scene d'amore che si sono portate o che si possono portare su un palcoscenico – e io ne ho fatte moltissime – ho analizzato la musica del Secondo atto del *Tristano*, dove c'è una sorta di esplosione di energia, che si potrebbe dire sessuale o forse sensuale, all'inizio di: *Isolde! Geliebte! Tristan! Geliebter!* (Isotta! Amata! Tristano! Amato!), con quella accelerazione. Le interpretazioni vanno di solito dall'esaltazione passionale fino all'orgasmo stesso, alla fine del duetto. È troppo. Quello che invece mi ha colpito è un'altra cosa: come quell'energia non duri a lungo, si trasformi invece molto presto. Anche se Tristano è frenetico e l'orchestra è assolutamente scatenata ed esplosiva, tutto si trasforma molto presto in un *decrescendo* precipitoso, anzi no, in una decelerazione, per di più calcolata da Wagner in maniera precisa. Tutto si trasforma molto, molto presto in un dialogo. Perché

> *Wie lange fern!*
> *Wie fern so lang!*
> (Quanto a lungo lontani!
> Quanto lontani a lungo!)

è già un'altra discussione.

Poi bruscamente lei dice quella frase magnifica:

> *Im Dunkel du,*
> *Im Lichte ich!*
> (Nell'ombra tu,
> nella luce io!),

e lì all'improvviso lui ribatte:

> *Das Licht! Das Licht!*
> *O dieses Licht*

(La luce! La luce!
O questa luce).

Da lì passano a un altro ambito, alla parola. Loro la colgono e la impiegano. Poi, qualche misura più avanti, riprendono:

Dem Tage! Dem Tage!
Dem tückischen Tage
(Il giorno! Il giorno!
Al tristo giorno).

Le parole "giorno" e "luce" li stimolano a costruire qualcosa. Qui c'è una sofisticazione estrema, un manierismo estremo, se così posso dire. Come nella poesia cortese o nelle poesie più complesse. A quel punto siamo ben lontani dall'orgasmo. Dunque, l'energia sessuale, se vogliamo chiamarla così, si trasforma e diventa dialogo, il che è molto più interessante.

Mi sono detto che qui c'era da mostrare una situazione che non è adolescenziale come nella *Valkiria*, dove la scena si conclude in un atto amoroso e in un entusiasmo che, immagino, sia il massimo dell'atto amoroso che si potesse mostrare nel XIX secolo. Qui c'è una trasformazione in una dialettica stringente, in cui lei discute, fianco a fianco, fino a quando hanno attraversato tutte le tappe. Mi sono detto: "È una vera discussione". Ed è una discussione affascinante, perché si tengono vicendevolmente testa. Non c'è già un accordo, ma c'è il modo per costruirlo, come costruire un punto di vista comune.

Si passa attraverso momenti magnifici. Quando per esempio lei gli spiega perché ha voluto ucciderlo. "Tristano mi ha tradito" e "Ti ho dato questo filtro", glielo dice guardandolo negli occhi. Per questo a un certo punto devono guardarsi negli occhi, ma non in ogni momento. Allora riflettono insieme e lei gli dice: "Ho voluto ucciderti". E poi ancora: "Ma nella tua mano ho riconosciuto quella cosa che ho accettato e che era la morte". E finisce con:

Liebeswonne ihm lacht!
(La beatitudine d'amore gli sorride!).

Qui c'è la prima transizione, il primo interludio. Ma andando avanti resta solo la forma del dialogo, e non è il genere di discussioni che si fanno l'una nelle braccia dell'altro.

Se in un dialogo si dice: "Scusa, tu non hai fatto questo, come faccio a sopportarlo?", si immagina che le due persone camminino su e giù per una stanza. Per la prima volta in assoluto lui parla. Questo non sottrae nulla al loro amore, ma loro scoprono una cosa, scoprono la parola.

Le battute che lui pronuncia nel Primo atto, nella prima e nella seconda scena, sono invece molto brevi e non si prestano al dialogo.

Barenboim
Parlano solo prima di bere. È l'unico momento.

Chéreau
È la natura di Tristano. È una reazione profondamente sua. Lui dice che berrà e che sa quello che beve. Pronuncia parole magnifiche:

Tristans Ehre –
höchste Treu'!
Tristans Elend –
kühnster Trotz!
(Onore di Tristano –
suprema fedeltà!
Miseria di Tristano –
fierissima tenacia!).

La disgrazia di Tristano è la sfida che lui stesso si impone, è l'onore di Tristano. Essere assolutamente fedele. È la sua sfida, e lui beve. La sola cosa che lui le ha detto, ma che è incomprensibile – e questo è il bello – è:

Des Schweigens Herrin
heisst mich schweigen:
fass' ich, was sie verschweigt,
verschweig ich, was sie nicht fasst.
(La signora del silenzio
silenzio a me impone:
se comprendo ciò che ha taciuto,
taccio ciò che non comprende).

Se la cava così, questo è il messaggio. È la frase più formidabile, che significa: "Sappiamo ciò che sappiamo, non ne parliamo e, grosso modo, sappiamo perché. Ci sono cose che tu non comprendi e che io non dirò, ma io comprendo ciò che tu non mi dici".

Una messa in scena si fonda su cose semplici. Tristano nel Primo atto non parla, ma lo fa molto nel Secondo. Tristano, perciò, è colui che scopre la parola, che finalmente lascia libera la parola.

Questo vuol dire che a farlo parlare è lei. Ma poi si arriva alle contrapposizioni. Lei prosegue: "Il giorno si è vendicato di te; poiché ti ho odiato, ho voluto ucciderti. Ma ciò che mi hai proposto l'ho accettato".

E quando lui le spiega perché è andato a cercarla (cosa difficile da capire), nulla di tutto ciò può essere detto tenendosi tra le braccia. Da quel momento in poi, e questo è l'aspetto interessante, diventa necessario inventare un altro modo di toccarsi, un modo che faccia capire cosa sta succedendo. Ma non l'amore fisico, l'amore fisico verrà forse dopo, o è già superato.

Innanzitutto non si può far l'amore su un palcoscenico. È

un livello di descrizione che ci è precluso, tanto più quando si deve cantare in questo modo.

Gli ultimi minuti della *Liebesnacht*, la grande *Steigerung*, l'intensificazione, prima dell'arrivo di Marke, sono definiti come vera musica erotica. Tuttavia questo vale se si ascolta solo la musica, cioè se non si ascolta quello che si dicono...

Eppure succedono e vengono dette cose di grande importanza nell'ultima parte del duetto *O ew'ge Nacht* (Eterna notte). Restano tuttavia sempre nell'ambito della parola. Se i due parlano tanto, non possono fare l'amore. E, secondo me, le sofisticazioni sono tali che l'atto sessuale viene dimenticato. Inoltre non sono affatto sicuro che siano così interessati all'atto fisico. So di persone che si appassionano al fatto di aver trovato l'unico vero partner della propria vita. Questa non è la stessa cosa, è dieci volte più importante.

Nella discussione emergono diversi concetti. C'è l'elogio della notte, il desiderio dell'abbandonarsi a essa:

> *O sink hernieder,*
> *Nacht der Liebe*
> (O quaggiù scendi,
> notte dell'amore).

E alla fine, in *O ew'ge Nacht* (Eterna notte), per la prima volta nell'opera appare la parola *Liebestod* (la morte d'amore).

6.
La filosofia della morte

Insieme nella magnifica quiete della notte, verso la morte.

Chéreau

Liebestod, la morte d'amore, non è solo una parola chiave. Io l'ho interpretata come una conversione. Come se Tristano avesse convertito Isotta alla sua filosofia, alla filosofia della morte. Questa filosofia appartiene a lui, non a lei. È il suo apporto ideologico all'opera. Non proviene da lei, lei lo segue.

Nel Primo atto, parlando con Brangania, Isotta dice di Tristano:

Todgeweihtes Haupt!
Todgeweihtes Herz!
(Capo sacrato alla morte!
Cuore sacrato alla morte!).

Lei vuole ucciderlo.

Rileggiamo questo punto. Prima c'è:

Luft! Luft!
Mir erstickt das Herz!
(Aria! Aria!
Ho il cuore oppresso!).

Poi Brangania apre le tende ed è allora che Isotta vede Tristano, per la prima volta dal giorno del viaggio.

Lo guarda:

(il cui sguardo ha trovato subito Tristano ed è rimasto rigidamente fisso a lui, tra sé cupa)

Mir erkoren,
mir verloren,
hehr und heil,
kühn und feig!
Todgeweihtes Haupt!
Todgeweihtes Herz!
(Per me scelto,
per me perduto,
fiero e forte,
prode e vile!
Capo sacrato alla morte!
Cuore sacrato alla morte!).

Lei lo vede e dice: "Quell'uomo dovrà morire". Anche lei dovrà morire, perché loro due sono legati. Bisogna prestare attenzione (è un aspetto noto in teatro ma meno all'opera): queste espressioni non avrebbero potuto essere dette nello stesso modo in un'altra situazione o in un altro punto dell'opera.

Il lavoro principale che faccio, e che a volte dà qualche risultato, è di far capire che le vicende e le parole sono circostanziate: qui e ora, *hic et nunc*. Mai fuori dal tempo che scorre. Tuttavia mi baso sempre su ciò che è stato scritto, comprese le indicazioni sceniche.

Lei dice:

Luft! Luft!
Öffne! Öffne dort weit!

(Aria! Aria!
Apri! Apri laggiù!),

e là, all'improvviso, siccome prima la tenda era sempre chiusa, si vede apparire la nave; e in fondo alla nave c'è Tristano, e il marinaio che ancora canta.

Poi lei attacca:

Mir erkoren,
mir verloren,
hehr und heil,
kühn und feig!
Todgeweihtes Haupt!
Todgeweihtes Herz!
(Per me scelto,
per me perduto,
fiero e forte,
prode e vile!
Capo sacrato alla morte!
Cuore sacrato alla morte!).

Parla di quell'uomo che lei rivede per la prima volta quel giorno. Le tende si aprono e lei dice: "Ecco, quella testa è votata alla morte".

Questa può forse essere una premonizione, o un'intuizione, ma lei parla in quella precisa circostanza.

Barenboim
Con questo vuoi dire che lei lo vuole morto?

Chéreau
E lei stessa con lui. Penso che il cuore di cui parla (*Todgeweihtes Herz!*) sia il cuore di lei stessa.

Barenboim

Lei non è ancora morta e lui riesce a convertirla a questa ideologia della morte. Non è così?

Chéreau

Sì, è così. D'altra parte, è sicuro che lui porti la morte con sé. È quel che continua a ripetere nel Terzo atto. È certo una premonizione. Non vedo alcuna contraddizione. Si tratta di due versi che non sono chiari, ma che possono essere spiegati con la storia successiva. In un certo senso, è come il riassunto di tutto un film.

Todgeweihtes Haupt!
Todgeweihtes Herz!
(Capo sacrato alla morte!
Cuore sacrato alla morte!).

Lei fa un'associazione, e poi subito cambia discorso. Dice solo quella frase, ma è certo che Tristano porta in sé la morte, fin dall'inizio.

Barenboim

Todgeweihtes Haupt! Nel senso che lui ha questa volontà di andare verso la morte.

Chéreau

Ma forse non è in quel senso che lei lo dice. C'è una differenza tra ciò che si dice e ciò che si pensa veramente, tenendo conto di tutte le conseguenze.

Barenboim

Ciò che credo di aver compreso, e che tu hai messo in scena, è questa relazione: lei vuole che lui muoia e poi, a poco a poco, è lui che riesce a convertirla a questa ideologia della morte. Allora lei vorrà morire con lui. Per loro, il solo modo di restare insieme è di morire insieme.

Chéreau

Comunque rinunciando a vivere. Entrando nella notte. Che è un'altra dimensione. Magnifica. E dove finalmente tutto si acquieta, e alla fine potranno ritrovarsi senza conflitto.

7.
Il suicidio

L'attrazione verso la morte, una tematica presente lungo tutta l'opera.

Barenboim

Abbiamo appena detto che gran parte di quest'opera parla della morte. È interessante vedere che, senza eccezione, in ognuno dei tre atti c'è un tentativo di suicidio da parte di Tristano. E forse, nel Primo atto, anche da parte di Isotta, quando lei esige la metà del veleno.

Nel Primo atto Tristano decide di bere il veleno. Nel Secondo atto decide di farsi uccidere da Melot. Nel Terzo atto decide di strapparsi le bende. Ebbene, sono tre azioni volontarie di Tristano in direzione della morte. Perciò, trovo assai carico di significato il fatto che, nel tuo testo del programma di sala del Teatro alla Scala, *"Wann wird es Nacht im Haus?" Note su* Tristano*, aprile e ottobre 2007*, tu parli del principio del suicidio.

Chéreau

Avevo letto alcune considerazioni, in cui la parola suicidio è usata come la parola amore. La parola suicidio non si adatta al *Tristano*. Lui costeggia la morte, si dirige verso di essa, eppure non si tratta di suicidio. Il mio testo del programma non è recente. Su un giornale avevo trovato un articolo che parlava di una situazione su cui non avevo mai riflettuto: uno psichiatra diceva che, per coloro che vogliono suicidarsi, la vera tortura è rappresentata dal periodo in cui non hanno ancora preso la decisione. Tuttavia nell'istante stesso in cui la decisione è presa, sopraggiunge la calma. Allora si può perfino arrivare all'euforia. Perché, alla fine, la disperazione ha un termine fissato.

Barenboim

È sempre così nella vita, nel momento in cui si prende una decisione...

Chéreau

Per me, che non ho affatto tendenze suicide, è sempre molto strano pensare che se ne possa provare euforia.

Barenboim

Quando nella vita hai un problema ed esamini le differenti possibilità, nel momento in cui trovi una soluzione – buona o cattiva che sia – sopraggiunge la calma, perché hai preso una decisione e sai quello che farai. È evidente che la situazione qui è più estrema, ma il principio è lo stesso.

Per Tristano, comunque, si tratta di tre decisioni verso la morte. Tuttavia è difficile metterle a confronto. Perché, anche se si tratta della stessa soluzione in direzione della morte, la musica non è mai la stessa.

Chéreau

E questo è giusto. In tutte le situazioni lui cercherà la possibilità di morire. Ma la decisione non assume mai la stessa forma.

Barenboim

Sì, perché le circostanze e la loro dinamica sono sempre differenti.

Chéreau

Dev'essere una qualche caratteristica nella musica che precede l'azione del suicidio. Per esempio alla fine del Secondo atto, quando Tristano chiede a Isotta se lei vuole seguirlo là dove lui va. Poco prima del duello con Melot. E anche prima della risposta di Isotta. Forse vicino a:

O König, das
kann ich dir nicht sagen
(O re, non io
questo posso dirti).

La musica poi cambia, quando dice:

Wohin nun Tristan scheidet
willst du, Isold', ihm folgen?
(Dove ora Tristano s'avvia,
vuoi tu seguirlo, Isotta?).

Barenboim
Prima di quel passo c'è un lungo brano musicale.

Chéreau
Sì, un passaggio strumentale molto lungo.

Barenboim
Poi la musica cambia e lui si rivolge a Isotta.

Chéreau
Quello è uno dei momenti tipici in cui l'orchestra prepara l'atmosfera di quello che lui dirà.

8.
Dalla *Liebesnacht* al *Liebestod*

Berlioz e Wagner: musica verso una meta mai raggiunta. Il Finale della versione da concerto del duetto del Secondo atto: la "notte d'amore" confluisce nella "morte d'amore".

Barenboim

La fine del duetto del Secondo atto, *O ew'ge Nacht* (Eterna notte), che presenta una formidabile *Steigerung*, un'intensificazione, è scritta in una maniera assolutamente nuova per la storia della musica. La tensione continua a salire, senza mai arrivare all'esplosione finale. E poi si interrompe del tutto, prima del *climax*. Come costruzione, somiglia un poco alla scena del balcone nel *Romeo e Giulietta* di Berlioz, e sappiamo che Wagner conosceva bene quella partitura. Lui stesso l'ha riconosciuto e l'ha pure citata.

Anche l'inizio del *Tristano* discende in maniera diretta da Berlioz. È la stessa idea, cioè una melodia un po' cromatica, priva di armonia. La sola differenza è che in Berlioz c'è un do invece di un la. È la scena all'inizio in cui Romeo è da solo. Poi segue la scena del balcone, anch'essa citata da Wagner.

Wagner utilizza la tecnica di crescere, crescere, crescere verso un punto che non raggiungerà mai. Come concepire questa costruzione musicale, come svilupparla con l'orchestra? Dipende da dove comincia la *Steigerung*. La si fa cominciare da *O sink hernieder* (O quaggiù scendi) o più tardi? Perché *O ew'ge Nacht* (Eterna notte) non è un inizio, è già il risultato di tutto ciò che era successo prima. Wagner costruisce il passaggio dal punto di vista della dinamica. Comincia in *pianissimo* e da lì parte la potente *Steigerung*. In mezzo ci sono fluttuazioni di *velocità*, ma sono fluttuazioni nelle quali il riposo iniziale non si perde, anche se si fa sempre più corto. La musica diventa sempre più forte e più rapida, finché alla fine Tristano e Isotta cantano insieme, all'unisono, all'ottava. È interessantissimo.

Chéreau

Non era ancora successo che cantassero insieme.

Barenboim

In questo senso, c'è una cosa che mi ha sempre affascinato. Wagner ha scritto un Finale della versione da concerto per il duetto del Secondo atto, che comincia con *O sink hernieder* (O quaggiù scendi), e che arriva fino a prima dell'accordo dissonante che apre la Terza scena, quella che annuncia l'arrivo di Marke e della sua gente. La cosa affascinante è che questo accordo Wagner lo ripete ancora (la nota acuta, il do diesis, resta su un accordo di mi maggiore), esattamente diciannove misure prima della fine dell'opera. Per la versione da concerto, quindi, Wagner aveva intenzione di far cantare il grande duetto d'amore del Secondo atto più, come finale, le diciannove ultime misure del *Liebestod* (la morte d'amore) del Terzo atto. E per questa versione da concerto Wagner ha scritto per Tristano un contrappunto sincopato, che è anch'esso di grande interesse. In Wagner c'era sempre un lato estremamente pragmatico. Per chi non aveva la possibilità di eseguire tutta l'opera, aveva sviluppato questa versione-concerto.

Le ultime parole cantate da Isotta sono: *höchste Lust!* (estrema estasi!). Per la versione-concerto, Wagner ha aggiunto le ultime diciannove misure a partire da: *In des Weltatems* (Del respiro del mondo).

Chéreau

È affascinante per me, perché a questo punto trovo nella musica la risposta alla mia domanda (come sarebbe finito quel duetto prima del richiamo di Kurwenal), e la trovo proprio in questa versione da concerto. Cioè, in quel momento del Secondo atto, loro sarebbero potuti arrivare direttamente alla fine, insieme, verso la morte condivisa. Se non fossero stati interrotti, lo avrebbero fatto e l'avrebbero cantata insieme, quella morte, in due.

Questo passaggio, che è proprio la fine del duetto nel Secondo atto, non l'ho ancora veramente realizzato sulla scena. Ho desistito. Credo di aver lavorato fin quasi a *Soll ich lauschen?* (Devo udire?), ma poi ho lasciato cadere il resto perché non c'era più tempo per le prove. Se si vuole articolare questo duetto, ci vuole molto, molto tempo.

Problemi di questo tipo mi sono capitati una ventina di volte nel *Ring*.

Barenboim

Ecco un buon motivo per la ripresa programmata alla Scala, nella prossima stagione.

Chéreau

Certo... Alla ripresa del *Ring*, a Bayreuth, ho rifatto tutti i Terzi atti: della *Valkiria*, del *Sigfrido* e del *Crepuscolo*. Non si finiva mai. Sì, avevo presentato idee, intuizioni, proposte, ma il lavoro non era finito, non c'era stata un'analisi approfondita.

Alla fine del duetto nel Secondo atto del *Tristano* ci sarebbero molte altre cose da definire. Sono molto intimidito e restio a intervenire, perché in scena ci sono due cantanti quasi senza fiato e non oso più chieder loro altro.

Barenboim

Wagner per molte sue opere ha scritto un Finale della versione da concerto. Per esempio, per la Marcia funebre del *Crepuscolo*. E spesso ha aggiunto alcune misure di musica, come ha fatto con la *Liebesnacht* del *Tristano*. Qui lui ha apportato un taglio, poi ha aggiunto testo e musica, per mantenere la presenza di Tristano. È interessante perché ha fatto riferimento alla musica della fine del duetto, prima della Terza scena del Secondo atto, quando Tristano e Isotta finalmente cantano insieme. Nel Finale da concerto avrebbe potuto utilizzare la stessa partitura, eppure non l'ha fatto.

Le possibilità che aveva erano tre. Avrebbe potuto lasciar cantare Isotta da sola; avrebbe potuto scrivere un'altra musica per finire il duetto d'amore per il concerto; oppure, alla fine, avrebbe potuto aggiungere Tristano. Wagner ha scelto questa terza opzione. Però non fa cantare Tristano simultaneamente a lei, ma – al contrario – in sincope. Mi sono sempre chiesto perché non aveva lasciato cantare Tristano insieme a lei, all'ottava, come alla fine del duetto del Secondo atto. Perché una sincope non vuol dire un insieme, è piuttosto un commento, e quindi una sorta di separazione.

Questo Finale della versione da concerto non si esegue mai, anche se è molto interessante. Sono esattamente diciannove misure, fino alla fine del *Liebestod*. Wagner scrive la risoluzione armonica di tutto il passaggio, seguendo *Ewige Nacht*, in si maggiore, il culmine armonico di tutta l'opera; e quindi dall'ultima misura della Seconda scena del Secondo atto (subito prima dell'arrivo di re Marke e della sua gente che interromperà il grande duetto di Tristano e Isotta), passa direttamente alle ultime diciannove misure che chiudono sia il Terzo atto che tutta l'opera.

Quando si suona l'opera per intero, è molto importante fare i *crescendo* e giungere a quell'esplosione armonica, con la dissonanza che annuncia l'arrivo di Marke e della sua gente. Ma quando si giunge alla fine dell'opera con il *Liebestod* (che, in un certo senso, come abbiamo visto, è la continuazione e il culmine della *Liebesnacht*), è molto importante anche stabilire un chiaro rapporto tra questi due grandi momenti della partitura. È fondamentale avere una *recollection*.

In inglese si hanno i due verbi, *to remember* e *to recollect*.

To remember può indicare una funzione automatica, meccanica. Mentre *to recollect* richiede uno sforzo razionale. Che qui è fondamentale.

Dal giorno in cui l'ho scoperto, quando ho letto per la prima volta la partitura del Finale della versione da concerto della *Liebesnacht*, circa dieci o quindici anni fa, ho subito rivisto tutta la tensione dell'enorme taglio nel duetto del Secondo atto.

È chiaro che Wagner aveva una grande concezione unitaria dell'opera. Quelle ultime diciannove misure del lavoro cominciano mentre Isotta ancora canta. Wagner ha aggiunto una riga speciale per Tristano. È straordinario. È come se avessero vissuto ognuno per conto proprio per tutto il Terzo atto, e alla fine venissero a morire insieme.

9.
Morire insieme: un cammino iniziatico

Chéreau

C'è davvero un cammino quasi iniziatico che Tristano e Isotta percorrono, e che essi stessi inventano. Non so come Wagner lo abbia concepito. E c'è anche la possibilità di svolgere un buon lavoro teatrale. Non ci sono molti altri esempi di testo con una tale ricchezza e complessità, che ci obbliga a un intenso dibattito di idee e allo stesso tempo lascia grande libertà all'interpretazione. Nel testo del *Tristano* c'è un'arte senza precedenti: arte del monologo, del discorso, della dialettica, dell'opposizione, del costruire attraverso domanda e risposta.

Nelle grandi scene di dialogo del *Ring* c'è qualcosa di simile, perché anche lì ci sono conflitti. Per esempio, nella grande scena tra Wotan e Brunilde, o nel grande monologo di Wotan nella *Valkiria*.

Tuttavia nel *Tristano* siamo a un livello artistico superiore. Nel Secondo atto c'è ancora un'altra dimensione, che è quella di voler trasformare l'altro, di condurre l'altro al proprio punto di vista; e di costruire un punto di vista che sia comune, di entrambi, per poi cercare di dissolversi nell'altro. Questo fa pensare al tipo di percorso comune che può essere fatto in una vita. È l'esperienza di una vita perfino utopica, perché vuole concludersi nella morte. E poi ci sarà un altro sviluppo ancora, perché Tristano non vuole morire senza Isotta; e questa è l'essenza del Terzo atto.

Un filosofo francese di origine ungherese e viennese, André Gorz, scrittore di saggi di estrema sinistra, circa un anno fa ha pubblicato un libro straordinario. Si intitola *Lettera a D*, ed è una lettera a sua moglie. Osservando la propria vita a volo d'uccello, Gorz racconta gli anni con lei e spiega anche perché nei suoi libri precedenti non abbia mai parlato della moglie o perché a volte ne abbia parlato male. Il libro è assolutamente magnifico e dice: "Stai per compiere ottantadue anni. Sei rimpicciolita di sei centimetri e sei sempre bella, elegante e desiderabile. [...] Sono cinquantotto anni che viviamo insieme e ti amo più che mai. Porto di nuovo in fondo al petto un vuoto divorante che solo il calore del tuo corpo contro il mio riempie. Sei tu che mi hai insegnato l'amore".

Come Isotta con Tristano. Chiunque di noi vorrebbe non dover sopravvivere alla morte dell'altro.

"Ci siamo spesso detti che se, per assurdo, avessimo una seconda vita, vorremmo trascorrerla insieme."

Lo hanno fatto.

Qualche mese fa si sono suicidati. Lei era molto malata. Lui ha detto che non aveva intenzione di sopravviverle.

Sulla porta c'era un biglietto: "Chiamate la polizia".

Il libro è straordinario. Sei mesi dopo la fine del libro si sono uccisi.

"D" è l'iniziale di Dorina, il nome della moglie.

Barenboim

Penso che quel desiderio di morire insieme fosse già presente nel Secondo atto. Il Terzo atto è come la realizzazione di quanto hanno pianificato e deciso nel Secondo.

Chéreau

Certo, e riescono a realizzare il loro progetto.

Ma c'è un ulteriore sviluppo, perché non è sicuro che lei arriverà in tempo, non è sicuro che lui sopravviverà fino all'arrivo di lei. Non si sono più parlati dal momento in cui, alla fine del Secondo atto, Tristano invita Isotta a seguirlo, senza dirle dove.

Barenboim

Kurwenal dice a Tristano che, quando lo ha accompagnato a Kareol, lui era incosciente.

Chéreau

Sì, era in coma. All'inizio del Terzo atto non era neanche previsto che lui si svegliasse. Se si fosse svegliato, sarebbe stato solo per morire.

La ferita è veramente profonda. Tristano e Isotta sono separati. E allora il problema è resistere, con tutte le forze, finché lei non sarà arrivata. E non è detto che ce la faccia, perché lui è allo stremo, al limite. E poi lei arriva e lui muore. Appena in tempo. Lui muore nel momento in cui lei mette piede a terra. Le dice *Isotta*, ed è finita. Un minuto ancora, e non si sarebbero visti mai più.

Indice

Stampa Grafica Sipiel
Milano, dicembre 2008